Probleme der Finanzierung von Investitionen in Entwicklungsländern

Von
Professor Dr. Rudolf Meimberg
und
Professor Dr. Harald Jürgensen

Herausgegeben von Professor Dr. Rudolf Stucken

VERLAG VON DUNCKER & HUMBLOT
BERLIN 1959

Schriften des Vereins für Socialpolitik
Gesellschaft für Wirtschafts- und Sozialwissenschaften
Neue Folge Band 16

SCHRIFTEN DES VEREINS FÜR SOCIALPOLITIK

Gesellschaft für Wirtschafts- und Sozialwissenschaften

Neue Folge Band 16

Probleme der Finanzierung von Investitionen in Entwicklungsländern

Professor Dr. Rudolf Meimberg
Professor Dr. Harald Jürgensen

Herausgegeben von Professor Dr. Rudolf Stucken

VERLAG VON DUNCKER & HUMBLOT
BERLIN 1959

Probleme der Finanzierung von Investitionen in Entwicklungsländern

Von
Professor Dr. Rudolf Meimberg
und
Professor Dr. Harald Jürgensen

Herausgegeben von Professor Dr. Rudolf Stucken

VERLAG VON DUNCKER & HUMBLOT
BERLIN 1959

Alle Rechte vorbehalten

© 1959 Duncker & Humblot, Berlin-Lichterfelde
Gedruckt 1959 bei der Buchdruckerei Max Schönherr, Berlin N 65
Printed in Germany

Vorwort

Im Frühjahr 1957 konstituierte sich der Ausschuß „Entwicklungsländer" der Gesellschaft für Wirtschafts- und Sozialwissenschaften. Dieser Ausschuß hat sich die Aufgabe gestellt, die wissenschaftliche Behandlung der Probleme der Entwicklungsländer, die im ausländischen Schrifttum einen breiten Raum einnimmt, in der Bundesrepublik voranzutreiben und ihr so einen Platz im wirtschafts- und sozialwissenschaftlichen Studium zu sichern.

Der Ausschuß hat in mehreren Sitzungen einschlägige Fragen behandelt; dabei standen Kapitalbildungs- und Finanzierungsfragen im Vordergrund. Diesem Bereich gehören auch die Beiträge von Rudolf Meimberg und Harald Jürgensen an, die in dem vorliegenden Bande veröffentlicht werden.

Aus praktischen Gründen wird darauf verzichtet, bei der Publikation der Bände, die aus der Arbeit des Ausschusses „Entwicklungsländer" hervorgehen sollen, eine systematische Reihenfolge innezuhalten; es wäre unzweckmäßig, wegen der Aktualität der behandelten Fragen. Es wäre aber auch den Autoren gegenüber nicht zu verantworten, ihre Arbeiten so lange liegen zu lassen, bis die nach der Themenstellung zusammengehörigen Beiträge vorliegen. Neben Arbeiten, die Themen generell, d. h. ohne regionale Begrenzung, behandeln, sind Länderstudien geplant, wobei eine gegenseitige Befruchtung dieser beiden Arten von Arbeiten angestrebt und erwartet wird.

Erlangen, Mai 1959   *Rudolf Stucken*

Inhalt

Zur Problematik der Finanzierung von Investitionen in
Entwicklungsländern 9
Von Professor Dr. Rudolf Meimberg, Frankfurt

Die Funktionen des Kapitalimports für Entwicklungsländer . . 53
von Professor Dr. Harald Jürgensen, Saarbrücken

Zur Problematik der Finanzierung von Investitionen in Entwicklungsländern*

Von *Rudolf Meimberg*, Frankfurt/Main

Aus der Vielzahl der Fragen, die sich im Rahmen des Themas behandeln ließen, sollen in dieser Abhandlung nur einige wenige erörtert werden. Im *ersten Teil* wird unter Auswertung der während einer Studienreise in Indien gewonnenen Eindrücke versucht, das Grundproblem am Beispiel eines Landes zu verdeutlichen. Der *zweite Teil* setzt sich mit der Möglichkeit von deficit spending als Mittel der Investitionsfinanzierung auseinander, auf welches eine Reihe von Entwicklungsländern, und vielleicht nicht nur diese, große Hoffnungen zu setzen scheinen. Der *dritte Teil* befaßt sich mit der Rangordnung und der Qualität der verschiedenen Arten des Kapitalexports in Entwicklungsländer, den privaten und den öffentlichen, den marktwirtschaftlich sich orientierenden und den zentral gelenkten, den wirtschaftlich und den politisch begründeten. Die Ergebnisse der im einzelnen angestellten Überlegungen tragen wohl, wie erlaubt sei im voraus zu bemerken, zur Erhärtung der These bei, daß sich Investitionen in Entwicklungsländern nicht allein nach den in der Vergangenheit bewährten Regeln finanzieren lassen, daß vielmehr von allen Beteiligten, der privaten Wirtschaft sowie den Regierungen der Schuldner- und Gläubigerländer, auch ein Handeln nach neu zu gestaltenden Grundsätzen nötig ist.

I. Das Dilemma — Indien als Beispiel

1. Regierung und Parlament Indiens stehen vor schwer lösbaren Aufgaben. Die Bevölkerung wächst zur Zeit — mitbedingt durch Verringerung der Kinder- und Seuchensterblichkeit — jährlich um 4,5 bis 5 Millionen Menschen, während sich unter der Annahme, daß keine außerordentlichen Anstrengungen zum Umbau und Ausbau der Wirtschaft des

---

* Obwohl dieser Begriff sehr unterschiedliche Tatbestände umfaßt, — im Kern aber wohl immer, daß die Kapitalausstattung der Wirtschaft eines Landes, verglichen mit den realisierbaren Möglichkeiten und dem, was in anderen Ländern bereits erreicht ist, niedrig ist, — kann für die Zwecke dieser Abhandlung auf eine sorgfältige Präzisierung verzichtet werden. Nur eines muß erwähnt werden: es sollen vornehmlich solche Länder interessieren, die infolge raschen Wachstums der Bevölkerung und aus politischen Gründen zu außerordentlichen Anstrengungen gezwungen sind, damit sich ihre wirtschaftliche Leistungsfähigkeit rasch erhöht.

Landes erfolgen, keine entsprechende Zunahme der Lebensmöglichkeiten erwarten läßt. Es fehlt an Arbeitsplätzen sowie einer landwirtschaftlichen und gewerblichen Produktion, die ausreicht, einen zwar bescheidenen, aber auskömmlichen Lebensstandard für die breiten Schichten der Bevölkerung zu sichern. Die regulären Deviseneinnahmen genügen nicht, um die Importe von Investitionsgütern, die zum Ausbau der Wirtschaft des Landes benötigt werden, finanzieren zu können. Schon jetzt leben mehr als die Hälfte der 380 Millionen Bewohner des Landes unter Verhältnissen, die sich nicht mehr als menschenwürdig bezeichnen lassen, auch wenn ein ungemein niedriger Maßstab angelegt wird. Der Unterschied zwischen reich und arm ist, gemessen an den Verhältnissen westlicher Industrieländer, groß. Doch selbst, wenn er weniger schroff wäre — seit der Erlangung der politischen Selbständigkeit im Jahre 1947 ist zu seiner Milderung bereits vieles geschehen —, allein eine Neuverteilung des Eigentums würde die eben erwähnten Unzuträglichkeiten nicht überwinden[1].

Außerordentliche Anstrengungen erscheinen unerläßlich, zumal es nicht den Anschein hat, als würde sich der Bevölkerungszuwachs in den nächsten Jahren durch eine Begrenzung der Geburten verlangsamen lassen. Der Bevölkerung, die zu rd. 80 v.H. aus Analphabeten besteht, ist vor und nach Erhalt der politischen Selbständigkeit durch ihre politischen Führer gesagt worden, daß die Befreiung des Landes von der britischen Herrschaft auch eine fühlbare Hebung des Lebensstandards ermöglichen werde. In den zwölf Jahren der Unabhängigkeit sind nun zwar wirtschaftliche Fortschritte erzielt worden; sie haben aber schon allein wegen der Bevölkerungszunahme für die große Mehrheit des Volkes keine fühlbare materielle Verbesserung gebracht. Sollte das auch in Zukunft nicht anders werden, ist schwer vorstellbar, wie es gelingen soll, die Gefahr politischer Radikalisierung zu bannen, zumal der Nimbus jener Politiker und jener Partei, denen das Land für seine politische Freiheit so viel verdankt, im Wechsel der Generationen verblassen wird.

Für den unbefangenen Beobachter stellt sich im Hinblick auf das hier angedeutete Dilemma die Frage, ob nicht der Weg, der in Japan zur Industrialisierung geführt hat, auch für Indien in Betracht kommt. Japan ist bekanntlich innerhalb weniger Jahrzehnte zu einem modernen Industriestaat geworden. Es hat sich in erheblichem Umfang die geistigen Erfahrungen des Westens nutzbar gemacht und hierbei auch westliche

---

[1] Wie unbefriedigend das auch klingt: wenn lediglich das Eigentum an Produktionsmitteln neu verteilt werden würde, nicht aber auch das Sozialprodukt im ganzen erheblich anstiege, so wäre sogar eine Verringerung der ohnehin viel zu geringen Kapitalbildung zu erwarten; es wäre damit zu rechnen, daß der relative Anteil der Nachfrage nach Konsumgütern des täglichen Bedarfs zunimmt. Für Indien zustimmend *Jain*, „Problems in Indian Economics", Allahabad-2 1956, S. 684.

Wissenschaftler und Ingenieure herangezogen. Der ausländische Kapitalbeitrag aber war gering, während die inländische Kapitalbildung jahrzehntelang erstaunlich hoch war. Religiöse und philosophische Überzeugungen trugen wesentlich dazu bei, daß sich selbst die begüterten Kreise mit einem verhältnismäßig niedrigen Konsum zufriedengaben und die Bevölkerung eine erstaunliche Bereitschaft und Fähigkeit zeigte, sich die Spielregeln für den Aufbau und die Fortentwicklung eines modernen Industriestaates zueigen zu machen. Ein hoher freiwilliger Respekt vor der Autorität des Staates ermöglichte es überdies der Regierung, mit vergleichsweise milden Mitteln das wirtschaftliche Geschehen, darunter die Höhe und die Art der Investitionen, zugunsten weitgesteckter Ziele zu beeinflussen[2].

Gute Gründe gibt es für die Verantwortlichen Indiens, in der wirtschaftlichen Leistung Japans kein Muster zu sehen, das geeignet wäre, der eigenen Schwierigkeiten Herr zu werden. Ungleich mehr als seinerzeit in Japan befindet man sich unter Zeitdruck[3]. Die breiten Schichten der Bevölkerung sind überdies weniger in der Lage, durch Einschränkung des Konsums eine Ausweitung der Investitionen zu ermöglichen. Der rasche Bevölkerungszuwachs bei schon vorhandener Überbevölkerung läßt das auch in Zukunft nicht erwarten. Es fehlt überdies wohl auch an jenen geistigen Voraussetzungen, die Japans Industrialisierung zugute gekommen sind. So scheint zum Beispiel das Verhältnis der Bewohner zum Staat und seiner jeweiligen Regierung in Indien weniger stabil zu sein als in Japan. Die geltenden Wertungen wirken weniger auf eine als selbstverständlich geltende Unterordnung den weltlichen Instanzen gegenüber hin.

Gewichtige Gründe sprechen auch dagegen, daß sich in Indien, was die Methodik der wirtschaftlichen Entwicklung angeht, das Beispiel der Sowjetunion nachahmen ließe. Eine umfassende Begründung dieser These hätte sich mit den Chancen eines totalitären Regimes sowie der Lehre vom dialektischen Materialismus in Indien zu beschäftigen. Hier kann es genügen, auf folgendes aufmerksam zu machen: während es sich

---

[2] Siehe hierzu z.B. W. W. *Lockwood*, „The Economic Development of Japan", London 1955; G. C. *Allen* and *Audrey G. Donnithorne*, „Western Enterprise in Far Eastern Economic Development", London 1954; J.J. *Spengler*, „Economic Factors in the Development of Densely Populated Areas", Proceedings of the American Philosophical Society, Februar 1951.

[3] „Time is the most dangerous enemy of the underdeveloped Nations", *Ghosh*, „Indian Economy, its Nature and Problems", Calcutta 1957, bes. S. 13 ff. Es wäre ein schwerer Fehler, wollte der in völlig anderen Verhältnissen lebende westliche Beobachter hierin nicht mehr als ein Zeichen verständlicher menschlicher Ungeduld sehen. Gewiss, diese zeigt sich auch. Sie wirkt sich aber mehr aus in Urteilen über den einzuschlagenden Weg und die zu schaffenden Voraussetzungen als in der Auffassung, daß ein hoch gestecktes Ziel außerordentlich rasch verwirklicht werden müßte.

die Herrscher der Sowjetunion jahrzehntelang, wenn auch unter schweren Einbußen an Leben und Gesundheit von Millionen und unter äußerster Einschränkung der individuellen Freiheit, erlauben konnten, die Anstrengungen auf den Ausbau der Grundstoff- und Investitionsgüterindustrien zu konzentrieren und die Landwirtschaft sowie die Konsumgüterindustrien zu vernachlässigen, bestünde diese Möglichkeit für Indien nicht annähernd in gleichem Maße. Dies nicht einmal dann, wenn sich im übrigen die Voraussetzungen für eine totalitäre Herrschaft *Stalin*scher Prägung verwirklichen ließen. Eine Erhöhung der Agrarproduktion ist für das Land eine conditio sine qua non jeden wirtschaftlichen Fortschritts. Kein politischer und wirtschaftlicher Zwang könnte verhindern, daß sich aus der Verlagerung eines Teils der Landbevölkerung in die sich ausdehnende Industrie ein Mehrbedarf an Nahrungsmitteln ergäbe; denn mit den Nahrungsmittelrationen, über die die Menschen derzeit in weiten Bereichen der Landwirtschaft verfügen, käme ein Industriearbeiter nicht aus[4]. Die auf dem Land verbleibende Bevölkerung würde überdies den Abzug von Menschen in die Städte zum Anlaß nehmen, die eigene Versorgung zu verbessern[5].

Indiens Reichtum an Menschen, auf lange Sicht vielleicht ein Segen für die wirtschaftliche Entwicklung des Landes, erweist sich vorerst als schwere Belastung. Sogar ein Teil des Einkommenszuwachses, der im Zuge der Industrialisierung zu erwarten sein wird, dürfte bis auf weiteres mit oder ohne Einverständnis der planenden Behörden und der Regierung für eine sofortige Verbesserung des Konsums, insbesondere der Nahrungsmittelversorgung, verwendet werden.

Die Erkenntnis, daß die sowjetische Methodik der Industrialisierung für ein Land wie Indien weit weniger günstige materielle Ergebnisse erwarten ließe als in der Sowjetunion selbst, wird indessen nicht dazu verleiten dürfen, den Einfluß des sowjetisch-chinesischen Beispiels auf die Meinungsbildung in Indien gering zu schätzen. Dies selbst dann nicht, wenn man berücksichtigt, daß das Land von fähigen Männern regiert wird, die die Individualität der einzelnen Bürger achten und alles tun, um eine freiheitliche Gesellschaftsordnung zu erhalten und weiter auszubauen.

Die dem sowjetischen Weg eigenen Mängel dürften wohl nur einen kleineren Teil der Bevölkerung gegenüber der Versuchung, ihn einmal zu begehen, immun machen. Der Grad solcher Immunität ist ja sogar in politisch mehr entwickelten Gemeinwesen nicht sonderlich hoch, wenn erst einmal die politische oder soziale Ordnung schweren Erschütterungen ausgesetzt ist. Wie sollte es sich damit auch nur ebenso oder gar

---

[4] So auch *Ghosh*, a.a.O., S. 36.

[5] Siehe dazu *Vakil*, „Planning for an Expanding Economy", Bombay 1956, S. 363.

besser verhalten in einem Volk, dessen große Mehrheit noch wenig Anteil am politischen Leben nimmt und für die ein Begriff wie politische Freiheit nur einen sehr bescheidenen Inhalt besitzt. Manche Bewunderer der sowjetischen — neuerdings auch der chinesischen — Leistung werden dazu neigen, die Möglichkeiten der wirtschaftlichen Selbsthilfe eines Landes wie Indien zu überschätzen; andere werden ihre Hoffnungen auf ausgedehnte Wirtschaftshilfe von seiten der Sowjetunion oder später vielleicht auch Chinas setzen, ohne sich dabei stets der Problematik einseitiger Unterstützung dieser Art für die politische und kulturelle Zukunft des Landes ganz bewußt zu sein. Das Angewiesensein auf eine privat- und marktwirtschaftliche Kapitaleinfuhr wird von ihnen unterschätzt.

Der Zeitdruck, unter dem die Politik zur Intensivierung der indischen Wirtschaft steht, macht aber auch ein Begehen des westlichen Weges in einer seiner historischen Arten unmöglich. Es scheint heute auf Jahre anzukommen, wo früher Jahrzehnte ausreichten. Daneben gibt es andere Hindernisse. Eine wie große Bedeutung in Ländern des Westens auch immer der Kapitalimport für die wirtschaftliche Erschließung gehabt hat, dort, wo es zu einer Volkswirtschaft moderner Prägung gekommen ist, war die Kapitalbildung im Innern zugunsten von Neuinvestitionen über die Jahre und Jahrzehnte hin wohl immer weit umfangreicher als der ausländische Beitrag. In Indien liegen in dieser Hinsicht die Voraussetzungen nicht allein wegen der Übervölkerung ungünstig. In weiten Gebieten und vielen Wirtschaftszweigen des Landes ist offenbar noch nicht jener Entwicklungsstand erreicht, der eine progressiv steigende Kapitalbildung möglich machte.

Eine der Ursachen hierfür — doch wird dies zum Teil auch Wirkung sein — ist darin zu sehen, daß es noch an jener weitverbreiteten Aktivität einheimischer Unternehmer in ihren mannigfachen Erscheinungsformen fehlt, wie sie für eine Wirtschaft mit fortgeschrittener Arbeitsteilung westlicher Prägung charakteristisch sind. Das wiederum beeinflußt nachteilig die Chancen für den kommerziellen Kapitalimport, denn Menge und Qualität der den Ausländern begehrenswert erscheinenden Gelegenheiten zu Kapitalanlagen werden hierdurch verringert. Seitdem das Land politisch selbständig geworden ist, trifft das in mancher Hinsicht mehr zu als vorher, da ausländische Kapitalgeber nunmehr verstärkt auf die Zusammenarbeit mit einheimischen Unternehmern angewiesen sind. Vielfach wurde in zurückliegenden Jahrzehnten der Export von Kapital in wirtschaftliches Neuland überhaupt erst dadurch interessant, daß unternehmende Kaufleute, Techniker und andere Fachleute aus Industrieländern einwanderten und die Investition in eigener Verantwortung und weitgehend im Geist der Gesetze und Bräuche ihres Heimatlandes ausführten. Schließlich ist es heute weniger möglich als früher, allein einige wenige vom Standpunkt des industriellen Kernlandes aus interessante Zweige der Volkswirtschaft auszubauen. Die zur Wahl stehenden Kapitalanlagen, die Aussichten für Rentabilität und Sicherheit, sind ungleich mehr von Faktoren abhängig geworden, auf die das kapitalexportierende Land keinen Einfluß nehmen kann.

Für ein Entwicklungsland erweist es sich heute vielfach selbst dann als ein Problem, eine sachliche und psychologisch wirksame Sicherung für ausländische Kapitalien zu bieten, wenn die inländische Regierung den besten Willen hat, sie zu ermöglichen. Eine befriedigende Lösung ist nämlich von mancherlei Umständen abhängig, wie der Aussicht auf eine gewisse Beständigkeit in der Politik der aufeinanderfolgenden Regierungen, ferner auf eine freiheitliche Verfassung des Landes sowie überhaupt die Herrschaft gemäßigter, der internationalen wirtschaftlichen Zusammenarbeit gegenüber aufgeschlossener Anschauungen im politischen Leben des Landes. Nötig ist weiterhin ein gehöriges Maß von Stetigkeit der wirtschaftlichen einschließlich der außerwirtschaftlichen Verhältnisse, auf die auch die Regierung nur begrenzt Einfluß nehmen kann.

Die genannten Bedingungen liegen in Indien teils ungünstig, teils günstig. Noch immer ist ein gewisser Argwohn gegen eine wirtschaftliche Betätigung von Ausländern zu verspüren. Das zeigt sich im betonten Verlangen nach Eigenständigkeit auch in wirtschaftlichen Dingen. Mitunter ist als Erbe der Vergangenheit auch die Besorgnis zu beobachten, die Inanspruchnahme von privatem Kapital aus Industrieländern der westlichen Welt könne zur Fortsetzung einer Art von Kolonialisierung führen. Hinzu kommt, daß in Kreisen der einheimischen Unternehmer eine an sich verständliche Neigung zu bemerken ist, ertragversprechende Investitionen möglichst ohne ausländische Beteiligung auszuführen. Dabei werden aber mitunter wohl die eigenen Kräfte überschätzt, sowohl die finanziellen, zuweilen vielleicht aber auch diejenigen, welche in technischem Können und unternehmerischer Erfahrung begründet sind. Schließlich scheint die öffentliche Meinung des Landes, deren Bedeutung für die Gesetzgebung und administrative Praxis sowie für das Zusammenwirken zwischen ausländischen Kapitalanlegern und inländischen Vertragspartnern gewiß beträchtlich ist, noch dazu zu neigen, die Qualifikation des *privaten* Unternehmertums — nicht nur des ausländischen, sondern auch des inländischen — für den Aufbau und die Leitung großer Unternehmen skeptisch zu beurteilen[6]. In der Tat gibt es,

---

[6] *E. Black*, Präsident der Weltbank, hat sich zu diesem Punkt in einem Brief an den indischen Finanzminister vom 5. September 1956 wie folgt geäußert: „While I recognize that the Government of India itself must play an important role in India's economic development, I have the distinct impression that the potentialities of private enterprise are commonly underestimated in India and that its operations are subjected to unnecessary restrictions there.

wie schon erwähnt, erst eine schmale — eine im Hinblick auf das, was es zu leisten gilt, sicher viel zu schmale — Schicht erfahrener und den sozialen Anforderungen eines Industriestaates sich hinreichend verpflichtet fühlender Unternehmer. Niemand kann sagen, wie bald sich das ändern wird; dies ist von einer Vielzahl nicht vorhersehbarer Geschehnisse im politischen, sozialen, wirtschaftlichen, aber auch im geistigen Bereich abhängig.

Die Regierung hat wiederholt erklärt, daß sie Investitionen von Ausländern begrüße. Sie hat ferner versichert, daß die Nationalisierung weiterer industrieller Unternehmungen kein Programmpunkt für sie sei. Im zweiten Fünf-Jahresplan sind viele Arten industrieller Fertigung ausdrücklich als in den Bereich der privaten Wirtschaft fallend bezeichnet worden; für andere wurden sowohl der Staat als auch die private Wirtschaft für zuständig erklärt. Eine Garantie gegen Nationalisierung ist die Regierung indessen nicht zu geben bereit. Sie hat sich Handlungsfreiheit vorbehalten. „We do not nationalize for the sake of nationalization; only if something appears vital in connection with our program do we take it up." *(Nehru)* Als Beispiel für eine zunächst nicht beabsichtigte Nationalisierung sei an das Schicksal der privaten Lebensversicherungsgesellschaften erinnert. Diese wurden überraschend verstaatlicht, nachdem sich gezeigt hatte, daß die Leitung der Gesellschaften vielfach kaufmännisch sehr bedenklich und überdies gesetzwidrig mit den ihnen verfügbaren Mitteln spekuliert und sie einer Verwendung im Rahmen des Fünf-Jahresplanes weitgehend entzogen hatten. Ein weiteres Hindernis für eine rasche Steigerung privater Investitionen von Ausländern in Indien ist in dem sogenannten Industries Development and Regulation Act von 1951 zu sehen[7]. Er gibt der Regierung die Möglichkeit zu ausgedehnter Einflußnahme auf die Entscheidungen der privaten Unternehmer. Wenn die Regierung mit der Tätigkeit einer Betriebsleitung unzufrieden ist, kann sie diese sogar durch von ihr bestellte Personen ersetzen.

Weiterhin dürfte die Aussicht auf Zahlungsbilanzschwierigkeiten, die vermutlich auch in den späteren Phasen der Industrialisierung des Landes zu erwarten sein werden, das Interesse ausländischer Kapitalmärkte und Unternehmer an Investitionen in Indien beeinträchtigen. In gleicher Richtung wird sich vermutlich eine gewisse Unsicherheit über die Zukunft des Geldwertes auswirken. Dieser erscheint so lange ge-

---

Above all, in a country which is short of capital, and with limited recources of managerial and administrative talent, it is important that the respective roles of public and private enterprise should be fixed entirely on a basis which will ensure the most effective contribution of each to economic development, and not on any theoretical concept of the role each should play." Zitiert nach *G. B.* und *K. G. Jathar,* „Indian Economics", Oxford 1957, S. 439.

[7] Einzelheiten vgl. *Groß,* a.a.O., S. 182.

fährdet, als beabsichtigt ist, einen beträchtlichen Teil des außerordentlichen Staatsfinanzbedarfs durch deficit spending zu decken[8]. Ob sich die Regierung in der Lage sehen wird, auf diese Möglichkeit immer dann zu verzichten, wenn ihr im Interesse einer hohen Investitionsrate daran gelegen ist, erscheint vorerst wenig wahrscheinlich, zumal erfahrungsgemäß oft erst nachträglich deutlich wird, ob eine Ausweitung der öffentlichen Ausgaben, die mit Hilfe der Notenpresse erfolgte, inflationär wirkt.

Neben den ungünstigen dürfen indessen die positiv zu beurteilenden Aspekte nicht übersehen werden. Im Zuge der wirtschaftlichen Entwicklung des Landes wird auf wichtigen Teilgebieten mit ausgesprochen günstigen Gewinnmöglichkeiten zu rechnen sein, darunter solchen, welche die einheimische Wirtschaft allein zu realisieren einfach nicht in der Lage sein kann. So dürften die neu gebauten Stahlwerke sowie die zu erwartende Verbesserung der Energieversorgung einerseits und die Zunahme des Realeinkommens der Bevölkerung — zumindest der in der Industrie Tätigen — andererseits schon in naher Zukunft neue Gelegenheiten für die der privaten Wirtschaft überlassenen Industrien schaffen.

Viel spricht dafür, daß man sich trotz der erwähnten Hindernisse noch mehr als schon geschehen bewußt wird, wie sehr das Land auf ausländische private Kapitalhilfe angewiesen ist; denn gerade die Abhängigkeit von dieser Art finanzieller Unterstützung dürfte im Zuge weiterer Industrialisierung sehr fühlbar werden. Dabei liegt auf der Hand, wieviel es auf die menschlichen und politischen Beziehungen zwischen Indien und dem Westen ankommt; insbesondere darauf, ob es die ausländischen Investoren einerseits und die inländischen Partner andererseits zuwege bringen, vertrauensvoll zusammenzuarbeiten. Nur wenn das gelingt, wird erwartet werden können, daß die berechtigte und auch die unberechtigte Furcht im Land vor einer Überfremdung der Wirtschaft allmählich verschwindet. Selbst bei ausgesprochen optimistischer Beurteilung der sich bietenden Möglichkeiten zur Erhöhung des kommerziellen Kapitalexports werden die Erwartungen aber nicht zu hoch gespannt werden dürfen. Zu stark ist für die Kapitalanleger der Anreiz zu Investitionen in den industriell bereits mehr fortgeschrittenen Ländern.

Die bisher angestellten Überlegungen gelten nicht ebenso für den aus öffentlichen Mitteln gespeisten Kapitalimport. Rentabilität ist für diesen nicht in gleichem Maße Voraussetzung wie für den Kapitalimport unter Inanspruchnahme ausländischer Kapitalmärkte; auch spielt der Gesichtspunkt der Sicherheit der Kapitalanlage eine geringere Rolle. Mitunter sind es ja politische Überlegungen, die den Ausschlag geben. Wie auch immer der Kapitalexport aus öffentlichen Mitteln in ein Land wie Indien

---

[8] Siehe hierzu Kap. II.

heute zu beurteilen ist — an späterer Stelle der Abhandlung werden einige allgemeine Überlegungen zu dieser Frage angestellt werden —, die finanzpolitische Problematik der Investitionen eines Entwicklungslandes hat schon allein infolge der veränderten Chancen des kommerziellen Kapitalexports ein anderes Aussehen als in der Vergangenheit. Das war offensichtlich auch den Urhebern des zweiten Indischen Fünf-Jahresplanes, der nunmehr hinsichtlich seiner finanzpolitischen Konzeption näher betrachtet werden soll, bewußt.

2. Seit Beginn der Verwirklichung des Planes[9] ist die Problematik der Finanzierung, und zwar sowohl auf der Ausgaben- als auf der Einnahmenseite, deutlich sichtbar geworden. Preis- und Lohnerhöhungen verteuerten die Kosten der vorgesehenen Investitionen. Der Rückgang der Weltmarktpreise für Rohstoffe (z. B. Jute) und Genußmittel (z. B. Tee), die zu den wichtigsten Ausfuhrartikeln Indiens gehören, und der Anstieg der Kosten für einzelne Importgüter sowie die Erhöhung der Frachtraten in der Zeit der Suezkrise verschlechterten die Devisenbilanz des Landes. Schon allein deshalb wurde ausländische Finanzhilfe mehr als vorgesehen notwendig. Hinzu kam, daß der inländische Kapitalbeitrag den Erwartungen nicht voll entsprach. Die Spartätigkeit der Bevölkerung entwickelte sich weniger günstig als die Planer auf Grund der Entwicklung in den Vorjahren glaubten erwarten zu dürfen. Statt eines kräftigen Anstiegs der Sparrate als Folge steigender Einkommen, kam es zu einem leichten Rückgang[10]. Die Einkommen waren in der Tat gestiegen — zwar nicht bei der Landbevölkerung, die für die Anlage von Sparguthaben vorerst auch kaum in Betracht kommt —, aber bei den in der gewerblichen Wirtschaft Tätigen. Das Mehreinkommen wurde jedoch überwiegend zur sofortigen Verbesserung der Lebenshaltung verwendet, d. h. es führte vor allem zu vermehrter Nachfrage nach Nahrungsmitteln. Vielleicht haben auch die Preissteigerungen, die sich bei Nahrungsmitteln innerhalb eines Jahres auf über 10 v.H. beliefen, das Vertrauen in die Zukunft der Währung und damit den Sparwillen beeinträchtigt.

Deficit spending erfolgte im Jahre 1956/57 etwa in dem im Plan vorgesehenen Umfang von 253 Mill. Rs. Die Problematik gerade dieses Postens wurde indessen deutlich, da die Ernte nicht gut ausfiel und der ungedeckte Bedarf nur unvollständig durch Mehrimporte befriedigt werden konnte. Es entstand ein beträchtlicher Nachfrageüberhang. Damit zeigte sich, in welch hohem Ausmaß in einem Land wie Indien der

---

[9] Vgl. dazu die Übersicht A im Anhang.
[10] Es hat den Anschein, als bestätige sich in Indien die These *Nurkses* vom international demonstration effect, „Problems of Capital Formation in Underdeveloped Countries", Oxford 1955, S. 64 f. Vgl. dazu die Ausführungen im Anhang B.

Spielraum für ein währungspolitisch vertretbares deficit spending vom jeweiligen Ausfall der Ernte abhängig ist[11]. Enttäuschend war in den ersten eineinhalb Jahren der Planperiode auch der ausländische Kapitalbeitrag, obwohl insbesondere die USA erhebliche Mittel für die Entwicklung Indiens zur Verfügung stellten. Die Erhöhung der öffentlichen Einnahmen wurde durch eine drastische Verschärfung der Besteuerung vorbereitet — so wurde die untere Begrenzung der Einkommensbelastung von 4000 auf 3000 Rs. Jahreseinkommen herabgesetzt. Bei Betrachtung der Besteuerung in westlichen Ländern scheint diejenige in Indien auch heute noch in manchem erhöht werden zu können. Unter Berücksichtigung der noch nicht sonderlich erfahrenen Administration der mittleren und unteren Stufe — ein Umstand, der besonders die Besteuerung der Landbevölkerung ungemein erschwert — sowie des empfindlichen Mangels vieler gewerblicher Betriebe an Geldkapital[12], ferner des geringen Entwicklungsstandes des Kapitalmarktes und der Unzulänglichkeit des Bankensystems (es fehlt noch an einem Netz leistungsfähiger Filialen) und schließlich einer im allgemeinen nur geringen Steuermoral sind die Grenzen der steuerlichen Belastbarkeit aber offensichtlich enger gezogen als in den mehr entwickelten Ländern.

Obwohl der zweite Fünf-Jahresplan im Gegensatz zu den Plänen im sowjetischen Bereich keine verpflichtenden Direktiven an die Behörden oder Unternehmer enthält, hat er doch in den ersten zwei Jahren seiner Verwirklichung Inhalt und Ausmaß der Neuinvestitionen sehr erheblich beeinflußt, nicht nur diejenigen des Staates, sondern auch der privaten Wirtschaft. Im ganzen scheint diese dabei relativ besser mit Kapital versorgt worden zu sein als der Staat[13]; auch hat sie Investitionsabsichten vielfach rascher in die Tat umsetzen können. Den privaten Unternehmern kam zustatten, daß sie in ihren Entscheidungen — besonders soweit sie den Zielen des Fünf-Jahresplanes entsprachen — weitgehend unabhängig waren und für sie auch die Bestellung von Investitionsgütern im Ausland nicht sonderlich erschwert war. Bei den öffentlichen Investitionen scheint ein Teil der Aufträge vergeben worden zu sein, bevor ihre Finanzierung wirklich gesichert war. Für den privaten und den öffentlichen Sektor ergab sich im Laufe des Jahres 1957, daß die für die Investitionen benötigten Gegenwerte in Devisen nicht in vollem

---

[11] Mehr als 60 % des durchschnittlichen Familienbudgets in Indien entfallen derzeit auf Nahrungsmittel.

[12] "If there is any hope for substantial private saving it lies mainly in the reinvestment of entrepreneurial profits. In an backward country, who but the businessman can have any strong inducement as well as the capacity to save?" s. *Nurkse*, a.a.O., S. 155.

[13] Hierauf deuten auch die Statistiken der Reserve Bank of India hin, die für 1956/57 einen starken Anstieg der Investitionstätigkeit im privaten Sektor erkennen lassen. Siehe besonders den Monatsbericht dieses Instituts vom September 1957.

Umfang verfügbar waren. Gute Ernten und eine für die Rohstoffländer günstigere Gestaltung der terms of trade hätte die Finanzierung des zweiten Fünf-Jahresplanes in den beiden ersten Jahren sicherlich erleichtert. Auf längere Sicht gesehen wären aber aus den mitgeteilten Gründen finanzielle Engpässe in jedem Fall fühlbar geworden.

II. Deficit spending

Wie ist deficit spending als Mittel zur Erhöhung der Investitionsrate eines Entwicklungslandes zu beurteilen? Darf angenommen werden, daß es auf längere Zeit hin angewandt ohne Schaden für die Stabilität der Währung bliebe? Es soll davon ausgegangen werden, daß deficit spending unmittelbar oder mittelbar mit Hilfe eines Zuwachses an Zentralbankgeld erfolgt. Diese Definition schließt die Möglichkeit aus, daß sich der Staat die Mittel über den Geldmarkt beschafft, ohne daß dies zu einer erhöhten Inanspruchnahme der Notenbank durch die Kreditbanken führt oder daß er Anleihen aufnimmt. Es wird weiterhin unterstellt, daß mit deficit spending eine Steigerung an gesamtwirtschaftlicher Aktivität und nicht allein eine Verlagerung von der Konsum- zur Investitionssphäre erstrebt werden soll. Unberücksichtigt kann der Fall bleiben, daß sich der Staat zur Beschleunigung der Investitionen vorübergehend kurzfristig einmal bei der Notenbank verschuldet[14]. Damit wäre nur der Zwischenfinanzierung gedient, deren Erleichterung im Rahmen des währungspolitisch Vertretbaren zu den legitimen Aufgaben der Notenbank zu zählen ist. Einführend soll einiges zu den oben gestellten Fragen am Beispiel Indiens ausgeführt werden. Anschließend wird versucht werden, mit Überlegungen allgemeiner Art, die sich nicht allein auf die Verhältnisse eines einzelnen Landes beziehen, zu genaueren Erkenntnissen zu gelangen.

1. Gegen das Vorhandensein eines größeren, währungspolitisch vertretbaren Spielraums für deficit spending in Indien[15] innerhalb der nächstfolgenden Jahre spricht, daß es wahrscheinlich an der nötigen Elastizität auf der Seite des Güterangebots fehlen wird. Es wurde bereits

---

[14] Der Begriff wird also weit enger verstanden als wenn alle Ausgaben, die zu vermehrter Verschuldung des Staates oder gar der privaten Wirtschaft führten, mit in Betracht gezogen würden. Es geht andererseits nicht allein darum, ob und inwieweit sich mit deficit spending in einer Depression eine Initialzündung erreichen ließe. Interessieren wird insbesondere ein bestimmter Modellfall (siehe Ziffer 2 des Kapitels), von dem angenommen wird, daß er in Entwicklungsländern von praktischer Bedeutung ist oder es werden wird.

[15] Siehe hierzu die Äußerungen des Internationalen Währungsfonds und der Weltbank sowie indischer Ökonomen, wiedergegeben bei *G. B.* und *K. G. Jathar*, a.a.O., S. 435; ferner *Jain*, a.a.O., S. 576. Der tatsächlich vorhandene Spielraum für deficit spending ist von den Kritikern im allgemeinen erheblich niedriger veranschlagt als im indischen Fünf-Jahresplan angenommen.

darauf hingewiesen, daß eine ungünstige Ernte im Jahre 1957 einen Nachfrageüberhang auf den Agrarmärkten entstehen ließ. In gewissem Umfang hätte das auch bei normaler Ernte geschehen können, da die Kaufkraft der Verbraucher in einzelnen Wirtschaftszweigen zugenommen hatte. Ein prompt wirkender und vollständiger Ausgleich auf dem Weg über vermehrte Importe von Nahrungsmitteln wird bei der Knappheit der verfügbaren Devisen wohl nicht immer gelingen können. Überhaupt würde deficit spending, wenn es eine empfindliche Belastung der Devisenbilanz des Landes zur Folge hätte, das Potential zur Finanzierung von Investitionen im ganzen schwächen, nachdem es zuvor durch Ausweitung der inländischen Nachfrage zugunsten von Investitionsgütern erweitert worden ist; es sei denn, durch strenge Kontrolle der Einfuhren gelänge es, dringend benötigten Investitionsgütern einen hinreichenden Vorrang zu geben.

Das eben Gesagte gilt unabhängig davon, ob es infolge des deficit spending zu einer inflationären Entwicklung der Preise und Löhne kommt oder nicht. Doch auch die Möglichkeit, deficit spending ohne Schaden für die Kaufkraft der Währung vornehmen zu können, scheint in einem Land wie Indien recht begrenzt zu sein. Der Anteil des Bargeldes, dessen Menge und Umlaufsgeschwindigkeit besonders infolge einer noch relativ extensiven Geldverfassung in weiten Teilen der Wirtschaft nur wenig durch die Notenbank beeinflußt werden können, ist vergleichsweise groß[16]. Zwar sind die Geschäftsbanken bestrebt, das Netz ihrer Niederlassungen auszubauen, womit auch eine Zunahme des bargeldlosen Geldverkehrs zu erwarten ist; die Geld- und Kapitalintensität der gewerblichen Wirtschaft in all ihren Zweigen und erst recht diejenige der Landwirtschaft dürfte aber dennoch nur langsam zunehmen[17]. Nicht sonderlich günstig ist auch die Aussicht zu beurteilen, daß durch administrative Maßnahmen Kaufkraftüberhang etwa durch Preis- und Lohnkontrollen oder mit Hilfe von Bestimmungen über die Anlage liquider Mittel der Kapitalsammelstellen währungspolitisch unschädlich gemacht wird. Selbst in einer marktwirtschaftlich orientierten Volkswirtschaft westlicher Prägung gibt es diese Möglichkeit im Regelfall nur begrenzt. Bedenkliche Veränderungen in der Struktur von Produktion, Investition und Verteilung wären die unvermeidlichen Folgen von Kaufkraftüberhang, die auch durch alle Bemühungen, ihn zu neutralisieren, nicht erträglich gemacht werden könnten. Im übrigen stünden der besagten Einwirkung nur schwer oder gar nicht überwindbare Hindernisse

---

[16] Siehe auch die Ausführungen auf S. 25 ff.

[17] Da das Land das Glück hat, eine Notenbank mit Persönlichkeiten in den leitenden Stellen zu besitzen, die ihr Fach verstehen und dabei Realismus mit Sinn für die Größe und Schwere der wirtschaftspolitisch gestellten Aufgabe vereinen, wird andererseits erwartet werden dürfen, daß gerade die Notenbank das ihr zur Lösung des Problems Mögliche auch tun wird.

politischer Art im Wege. Unternehmer, Arbeitnehmer sowie Konsumenten lassen sich in der parlamentarischen Demokratie, wie sie durchaus auch in Indien Wirklichkeit geworden ist, nun einmal schwerlich so weit zügeln, wie es nötig wäre, um eine staatliche Kontrolle von Preisen und Löhnen voll wirksam werden zu lassen.

Im Hinblick auf Indien könnte nun eingewandt werden, dort liege ein Notstand vor, der außerordentliche Anstrengungen zur Erhöhung der Investitionsrate zwingend notwendig mache. Zwar würden sich auch hier staatliche Preis- und Lohnkontrollen oder eine Bewirtschaftung nachteilig für die Wettbewerbsfähigkeit einzelner Branchen auswirken; doch müsse dieser Nachteil hingenommen werden, wenn es mit Hilfe solcher Maßnahmen nur gelinge, die Investitionsrate zu steigern.

Es fragt sich aber, ob die öffentliche Administration der mittleren und unteren Stufen hinreichend ausgebaut und leistungsfähig wäre, um dem staatlichen Willen in der hier in Rede stehenden Sache genügend Nachdruck zu verleihen. Das wird in Indien selbst vielfach verneint[18]. Eine *allgemeine* Bewirtschaftung von Konsumgütern wäre im übrigen schon deshalb zum Scheitern verurteilt, weil der Verbrauch eines sehr großen Teils der Bevölkerung unter dem liegt, was dem einzelnen im Fall der Bewirtschaftung zugebilligt würde — wie niedrig die Mengen auch bemessen sein mögen. Die Gründe, die sogar im zweiten Weltkrieg trotz schwieriger Versorgungslage bewirkt haben, daß von einer das ganze Land und alle wichtigen Konsumgüter umfassenden Regulierung von Angebot und Verteilung abgesehen wurde, sind weiterhin wirksam. Der politisch-psychologische Widerstand gegen die erwähnten Eingriffe wäre dabei in Friedenszeiten gewiß noch größer.

Die bisherigen Überlegungen schließen zwar nicht schlechthin aus, daß mit Hilfe von deficit spending die Investitionsrate ohne Schaden für die Währung über das sonst mögliche Maß hinaus erhöht werden könnte, sie sprechen aber dafür, daß dem selbst unter günstigen Voraussetzungen vergleichsweise enge Grenzen gezogen sind[19]. Es soll nun versucht werden, durch Überlegungen allgemeinerer Natur zu einer weiteren Präzisierung des Urteils zu gelangen.

---

[18] Siehe zum Beispiel *Jain*, a.a.O., S. 586; *Ghosh*, a.a.O., S. 25, geht sogar soweit zu behaupten, daß „Undisguised and direc methods of compulsion would not be tolerated by the people of an underdeveloped country having a democratic government".

[19] Die Grenzen würden gewiß weniger eng sein in einer Zeit, in der die Wirtschaft des Landes allgemein unter einer Depression zu leiden hätte und es in der Breite unausgenutzte Kapazitäten sowie brachliegende (Fach-) Arbeitskräfte gäbe. Doch dürfte auch in einem solchen Fall der monetär unbedenkliche Spielraum für deficit spending infolge der ungünstigeren Arbeitsbedingungen für Notenbank und Administration in einem Entwicklungsland geringer sein als in industriell fortgeschritteneren Ländern.

2. Ist nicht in Entwicklungsländern, in denen die Intensivierung der Wirtschaft Gegenstand außerordentlicher Anstrengungen ist, mit einer anhaltenden Steigerung des Sozialprodukts und des Geldbedarfs zu rechnen? Läßt sich damit nicht auch der Spielraum für deficit spending zugunsten der Investitionsfinanzierung erweitern? In der Tat wird aus dem genannten Grunde mit einem erhöhten Bedarf an Geld und sehr wahrscheinlich auch an Zentralbankgeld zu rechnen sein. Wird es deshalb aber erlaubt sein können, daß eine mehrere Jahre umfassende Planung mit festen Beträgen rechnet, um die sich jährlich das Volumen an Zentralbankgeld wird vermehren lassen? Nur für den Fall einer zentralen Verwaltungswirtschaft wird das bejaht werden können, deren Leitung über ein hohes Maß an Einsicht und nahezu unbegrenzte Macht verfügt, um das Verhalten der einzelnen im Wirtschaftsleben nach ihren Plänen zu lenken; sie dürfte überdies von außen her nicht ernstlich gestört werden, der Grad der internationalen wirtschaftlichen Verflechtung hätte also gering zu sein. Die für die Wirtschaftspolitik Verantwortlichen dürften sich auch nicht gezwungen sehen, die aufgestellten Pläne während ihrer Laufzeit erheblich ändern zu müssen, sei es als Folge eines raschen technischen Fortschritts oder eines Wandels in den politischen, sozialen oder wirtschaftlichen Aufgaben und Zielen. Die Möglichkeit zu zentraler Planung dürfte schließlich nicht dadurch behindert sein, daß es sich um eine sehr differenzierte, auch vielerlei Zweige der verarbeitenden Industrie umfassende Wirtschaft handelt, die im Dienste einer Vielzahl zum Teil heterogener, ökonomischer und außerökonomischer Aufgaben steht.

Wenn es nur an einer der eben erwähnten Voraussetzungen fehlt, erscheint es unmöglich, den künftigen Zuwachs des Sozialprodukts exakt zu berechnen. Gesetzt aber, dieses würde trotz der vorgebrachten Bedenken gelingen können, so wäre damit noch keineswegs ermittelt, welches die währungspolitisch vertretbare und wirtschaftlich wünschenswerte Ausweitung von Zentralbankgeld ist. Das Verhalten der Kreditbanken — bei gleichbleibenden Grundsätzen der Versorgung mit Zentralbankgeld — kann sich ändern, ebenso die Gelddisposition der Unternehmer und Verbraucher. Die Entwicklung der Umlaufsgeschwindigkeit des Geldes sowie überhaupt der Struktur der monetären Nachfrage ist daher nicht einmal über Quartale, geschweige denn über Jahre, zuverlässig zu schätzen.

Mit alledem ist zwar nicht bewiesen, daß deficit spending unter den angenommenen Voraussetzungen ein ungeeignetes Mittel ist, um das Volumen an Neuinvestitionen ausweiten zu können. Der vorgesehene Betrag für deficit spending hätte aber, sofern an der Stabilerhaltung der Währung gelegen ist, kleiner zu sein als der mit einiger Sicherheit zu erwartende Mehrbedarf an Zentralbankgeld. Es wäre im übrigen darauf zu achten, daß mit ihm nicht solche Investitionen finanziert werden, die schlechthin unerläßlich sind und die, wenn nicht die Entwicklung des Ganzen gefährdet werden soll, zu bestimmten Terminen ausgeführt werden müßten. Wenn der Geldwert erhalten bleiben soll, muß es möglich sein, daß durch deficit spending finanzierte Investitionen plötzlich zurückgestellt werden. Es kann sogar geschehen, daß bereits mit der Ausführung von Projekten begonnen ist und sich erst dann Preiserhöhungen oder Zahlungsbilanzschwierigkeiten einstellen. Die Verschiebung einer fest geplanten Investition kann nun aber die Wirtschaftlichkeit anderer, die bereits fertiggestellt oder in der Ausführung begriffen sind, in Frage stellen. Dabei ließe sich oft nicht sagen, wer „schuldig" ist, ob die mit deficit spending finanzierten oder andere Investitionen, ob die in einer starken Marktposition befindlichen Unternehmer, weil sie an sich mögliche Preissenkungen unterlassen, oder Arbeitgeber und Arbeitnehmer, weil sie währungspolitisch bedenkliche Lohnerhöhungen bewilligt oder durchgesetzt haben.

Das Problem, ob und inwieweit deficit spending ein geeignetes Mittel zur Steigerung der Investitionsrate sein kann, wird nun noch von einer anderen Seite her zu beleuchten sein. Deficit spending zugunsten neuer Investitionen hat zur Aufgabe, jene Umsätze finanzieren zu können, die im Zusammenhang mit den betreffenden Vorhaben nötig sein werden. Solange es infolge der Umsatzerhöhung nicht zu einer Verknappung von Arbeitskräften oder Gütern kommt, die sich in Preis- oder Lohnerhöhungen auswirkt, scheint währungspolitisch zunächst einmal alles in Ordnung zu sein. In vollem Umfang träfe das allerdings nur zu, wenn die Vermehrung des Zentralbankgeldes so begrenzt wäre, daß die Tendenz zu Preissenkungen, die sich in einer dynamischen Wirtschaft auswirken müßte, wenn das Lohn- und Preisniveau im ganzen etwa stabil bleiben soll, infolge des Zuwachses nicht geschwächt würde[20]. Das verausgabte Zentralbankgeld bleibt nun aber auch im Umlauf, wenn die mit Hilfe des deficit spending finanzierten Umsätze getätigt sind, die Neuinvestitionen aber noch nicht zu einer allgemeinen Wirtschaftsbelebung geführt haben. Letzteres ist oft erst nach Jahren der Fall. In der Zwischenzeit wäre der Zuwachs an liquiden Mitteln nur dann unschädlich für die Währung, wenn es aus Gründen, die mit der aus deficit spending ermöglichten Investition in keinem oder nur einem losen Zusammenhang zu stehen brauchen, zu einer entsprechenden Erhöhung des Angebots an Güter- und Dienstleistungen in der Volkswirtschaft käme. Das kann in einer dynamischen Wirtschaft durchaus zutreffen. Investitionen werden ja in keinem Fall allein durch deficit spending finanziert, bei Entwicklungsländern ist insbesondere an den ausländischen Kapitalbeitrag zu denken; überdies kommt eine Zunahme der Umsätze nicht nur dann zu-

---

[20] Zuverlässig wird sich allerdings kaum je feststellen lassen, ob diese Bedingung voll erfüllt ist, und zwar nicht einmal nachträglich.

stande, wenn zuvor Neuinvestitionen erfolgten. Doch wird die Ausdehnung des Umsatzes an Gütern und Dienstleistungen nicht etwa wie von selbst im Einklang mit der Vermehrung der Geldmenge stehen.

Kann nun angenommen werden, daß sich der Zuwachs des Geldvolumens, der Ursache und Wirkung einer expandierenden Wirtschaft ist, dadurch herbeiführen läßt, daß der Staat deficit spending zugunsten der Finanzierung von Investitionen betreibt[21]? Kann das in Würdigung aller hierbei zu beachtenden Gesichtspunkte vertreten werden[22]? Die gleichen oder verwandten Fragen[23] ließen sich für entwickelte Industrieländer stellen. Kann und sollte nicht auch hier die Notenbank, z. B. durch dementsprechende Rediskontzusagen an die Kreditbanken, eine langfristige Investitionsfinanzierung erleichtern? Ein Einwand, der in den industriell fortgeschritteneren Ländern unter Umständen von beträchtlichem Gewicht ist, kommt in unserem Fall weniger Bedeutung zu, daß nämlich die Finanzierung des langfristigen Kapitalbedarfs bevorzugt und in der Hauptsache auf andere Weise erfolgen sollte und könnte. In einem Entwicklungsland wird es an derartigen Möglichkeiten oft fehlen. In einer fortgeschritteneren Wirtschaft, die nicht infolge rascher Vermehrung der Bevölkerung und aus politischen Gründen unter dem Zwang steht, um eine außerordentliche Ausweitung der Produktionskapazitäten bemüht zu sein, wird man sich überdies eher damit abfinden können, daß die Zuwachsrate nur relativ gering ist, als zu dem problematischen Mittel des deficit spending zu greifen.

Dennoch scheint im ganzen gesehen eine währungspolitisch vertretbare Investitionsfinanzierung mit Hilfe von deficit spending in einem Entwicklungsland von noch weniger erfüllbaren Voraussetzungen abhängig zu sein als unter geldwirtschaftlich weiter fortgeschritteneren Verhältnissen. Deficit spending zugunsten der langfristigen Finanzie-

---

[21] Entsprechendes ließe sich fragen, wenn nicht der Staat Träger der Investition ist und er sich dabei mit Hilfe der Notenbank finanziert, sondern die Notenbank langfristige Finanzierungshilfe für Investitionen der Wirtschaft leistet — eine Möglichkeit, mit der in den hier interessierenden Ländern aber nur selten zu rechnen sein wird.

[22] Von den oben besprochenen Bedenken gegen die Einplanung von Investitionen, die durch deficit spendig finanziert werden sollen, bereits mehrere Jahre im voraus und mit Bindung an lange im voraus festgelegte Termine, kann an dieser Stelle abgesehen werden.

[23] In diesem Zusammenhang ließe sich auch an die These *Stuckens* und seines Schülers *Ehrlicher* erinnern, daß „beim Reicherwerden einer Volkswirtschaft das Sparen in kurzfristigen Formen dahin tendiert, über die in Anspruch zu nehmenden wirklich kurzfristigen Kredite hinauszusteigen." (*Stucken*, z. B. in: „Bankkredit und langfristige Investitionen, Bericht über eine Aussprache führender Sachkundiger" 1954, S. 81; W. *Ehrlicher*, „Geldkapitalbildung und Realkapitalbildung" Tübingen 1956, bes. S. 233 ff.)

rung von Investitionen hieße, daß die Lieferanten von Investitionsgütern — die hier zunächst einmal als Inländer angenommen werden — mit ad hoc geschaffenem Zentralbankgeld bezahlt werden. In einem Land mit extensiver Geldwirtschaft ist zu erwarten, daß sich der Geldzuwachs zu einem beträchtlichen Teil in einer Vermehrung des Bargeldes der Bevölkerung und der Wirtschaft außerhalb der Banken auswirkt, weniger dagegen in einer Erhöhung der Einlagen bei den Geschäftsbanken. Ein nicht geringer Teil des zusätzlichen Bargeldes wird vermutlich solchen Kassen und Geldbörsen zufließen, die vergleichsweise wenig mit der Finanzierung jener Umsätze belastet werden, die sich zusätzlich im Verlauf der wirtschaftlichen Expansion ergeben. Er wird womöglich zu einer kräftigen Vermehrung der Nachfrage nach solchen Gütern und Diensten führen, deren Angebot sich nicht ohne weiteres steigern läßt.

Vom Blickpunkt der Notenbank und auch der Kreditbanken aus gesehen, wird das Geld zum Teil gleichsam versickern und sich jeder Lenkung und Kontrolle entziehen. Um die Finanzierung steigender Umsätze ermöglichen zu können, bleiben die Banken insoweit daher selbst dann, wenn die Geldvermehrung durch deficit spending erheblich war, relativ stark auf kurz- und mittelfristiges Zentralbankgeld, das auf eine der üblichen Arten geschaffen wird, angewiesen. Der Spielraum, der für deficit spending in einer Wirtschaft mit relativ geringer Bedeutung des Buchgeldes und überhaupt beschränkten Möglichkeiten der Notenbank zur Regulierung des Geldvolumens vorhanden ist, wird daher, verglichen mit der Situation in einer geldwirtschaftlich intensiven Wirtschaft, geringer sein[24].

Ein weiteres ist zu bedenken. Soweit der erhöhte Geldbedarf einer expandierenden Wirtschaft durch deficit spending gedeckt wird, müßte die Notenbank, um die Währung nicht zu gefährden, in entsprechend geringerem Umfang ihre kurz- und mittelfristigen Kredite ausweiten. Womöglich hätte sie sogar das Volumen derartiger Engagements zu verringern. Im Portefeuille der Notenbank müßte also der Anteil jener Forderungen zunehmen, die sich nicht in kurzer Zeit selbst liquidieren; die Regulierung des Geldvolumens vollzöge sich weniger selbsttätig. Darin läge bei strengen Anforderungen an die Regulierbarkeit des Geldumlaufs durch die Notenbank gewiß ein Mangel. Es fragt sich aber, ob soviel an Strenge geboten ist. Wäre nicht die Regulierung des Geldvolumens durch Diskont- und Offenmarktpolitik sowie gegebenenfalls Manipulierung der Mindestreserven und Beschränkung der Refinanzie-

---

[24] Was also aus oben angedeuteten Gründen nicht bereits bedeutet, daß ein wirtschaftlich fortgeschritteneres Land mehr oder auch nur eben so viel deficit spending zur Investitionsfinanzierung betreiben s o l l t e. Das Urteil hierüber hätte auch von einer Stellungnahme zu anderen, hier nicht zu erörternden Punkten abhängig zu sein.

rung der Kreditbanken bei der Notenbank für sich allein ebenso wirksam, als wenn außerdem — nicht etwa an Stelle — dafür gesorgt würde, daß die von der Notenbank gegebenen Kredite in möglichst großem Umfang kurz- oder mittelfristig fällig werden?

Für die Beantwortung dieser Frage erscheint wesentlich, wie es mit der Wirtschaftlichkeit der durch deficit spending finanzierten Investitionen steht. Die Aussicht dafür nun, daß die in sie gesetzten Erwartungen erfüllt werden, eine Investition also in der ihrem jeweiligen Charakter gemäßen Zeit rentabel wird oder sie doch zu einer gehörigen Verbesserung der Leistungsfähigkeit der Volkswirtschaft im ganzen beiträgt, wird im ganzen weniger günstig zu beurteilen sein, als wenn reguläre Finanzierungsmethoden angewendet würden. Es mangelt doch an einer Kontrolle der Wirtschaftlichkeit der Projekte durch den Markt. Überdies hätten diejenigen, die das Geld zur Verfügung stellen[25], bei einem Scheitern nicht etwa mit wirtschaftlichem Zusammenbruch des eigenen Unternehmens oder doch ernsthafter Schädigung ihrer beruflichen Existenz zu rechnen. Im Fall eines Fehlschlages erfolgte die Rückzahlung der durch die Notenbank zur Verfügung gestellten Investitionssumme entweder später als ohnehin vorgesehen oder überhaupt nicht. Unterbleiben würde jene Ausweitung der Kapazitäten, die bei Gelingen der Investition zu einem dauernden Zuwachs des Geldbedarfs geführt und so dazu beigetragen hätte, daß die vom deficit spending verursachte Ausweitung des Geldvolumens auf längere Sicht hin im Rahmen des währungspolitisch Vertretbaren bliebe.

Schließlich ist folgendes in Betracht zu ziehen: selbst wenn die Notenbank zusätzlich benötigtes Zentralbankgeld jeweils nur kurz- oder allenfalls mittelfristig zur Verfügung stellte und sie dabei vollen Gebrauch von ihren Mitteln zur Regulierung der Geldversorgung machte, könnte es ihr in bestimmten Lagen nur begrenzt gelingen, die Währung stabil zu erhalten. Das politische Interesse an unbedingter Sicherung der Vollbeschäftigung, ferner an einer weitergehenden Erhaltung der herkömmlichen Wirtschaftsstruktur als dies mit den Wettbewerbsverhältnissen im In- und Ausland vereinbar ist, und schließlich eine verbreitete Abneigung gegen eine direkte staatliche Einflußnahme auf die Preis- und Lohnbildung erweisen sich auch in den Entwicklungsgebieten mitunter als mächtigere Bestimmungsgründe für die Wirtschafts-, Finanz- und Währungspolitik als die Rücksichtnahme auf eine ungeschmälerte Erhaltung der Kaufkraft des Geldes. Die Notenbank ist für sich allein

---

[25] Das sind im vorliegenden Fall staatliche Behörden. Der Notenbank, die ihrerseits den Staat finanziert, könnte die Kontrolle nicht in vollem Umfang obliegen; sie hat nicht die Erfahrung und den Apparat einer Investitionsbank; überdies würden sich die politischen Instanzen wohl in jedem Fall eine Einflußnahme vorbehalten.

nicht imstande, Lohnerhöhungen, die in einzelnen Wirtschaftszweigen infolge starker Positionen der Arbeitnehmer und vielleicht auch der Produzenten verlangt werden, zu verhüten. Entsprechendes gilt für Preiserhöhungen[26]. Verhindern könnte die Notenbank bedenkliche Lohn- und Preissteigerungen nur auf dem Weg über Restriktionen, die zunächst in erster Linie kreditabhängige und zinsempfindliche Wirtschaftszweige und Betriebe sowie allgemein solche mit ungünstigen Erträgen und schwacher Stellung im Markte träfen. Käme es infolgedessen zu partiellen Depressionen, könnte dem die Regierung kaum untätig zusehen. Gesetzt nun, die Zentralbank wäre verpflichtet, die Finanzierung großer Investitionsvorhaben innerhalb eines bestimmten Zeitraumes jedenfalls sicherzustellen, dann würde das ihre Handlungsfreiheit im Hinblick auf die eben erwähnte währungspolitisch so bedenkliche Möglichkeit zusätzlich erschweren. Der Zufluß an Liquidität, der sich infolge der Finanzierung von Investitionen mit Zentralbankgeld ergibt, brächte dem von den Restriktionen besonders betroffenen Teil der Wirtschaft nicht etwa stets einen Ausgleich. Es sei auch in diesem Zusammenhang auf das Phänomen des Versickerns der Liquidität hingewiesen. Je weniger intensiv die Geld- und Kapitalwirtschaft eines Landes ist, um so langsamer vollzöge sich eine Kommunikation der Teilmärkte.

Bisher wurden die außenwirtschaftlichen Aspekte des Problems außer acht gelassen. Selbst wenn die Devisenbilanz des expandierenden Entwicklungslandes mit Hilfe von Kapitalimporten im ganzen im Gleichgewicht bliebe, würde die finanzielle Abwicklung des Außenhandels doch von beträchtlichem Einfluß auf die inländische Liquidität sein können. Sei es, daß vorübergehend die inländische Nachfrage nach Devisen doch das Angebot übersteigt und es durch Einsatz von Devisenreserven zu einer Kontraktion des inländischen Geldvolumens kommt, welche die Notenbank auszugleichen hat, sei es, daß vorübergehend das Umgekehrte eintritt und die Notenbank einer monetären Ausweitung entgegenzuwirken hat. Schöpfung von Zentralbankgeld zur Investitionsfinanzierung, wenn sie an bestimmte Termine gebunden ist, könnte auch diese Art regulierender Tätigkeit der Notenbank erschweren.

Es haben sich, wie nunmehr zusammenfassend bemerkt sei, keine Gründe dafür anführen lassen, daß die Finanzierung von Investitionen in einem Entwicklungsland durch deficit spending schlechthin mit der

---

[26] Daß es im übrigen sehr schwer, wenn nicht unmöglich sein kann festzustellen, welche Lohn- und Preiserhöhungen wirtschaftlich gerechtfertigt oder gar nötig sind, ohne währungspolitisch bedenklich zu sein, und es nicht einmal erwiesen ist, wirtschaftlich für gerechtfertigt und für nötig gehaltene Preiserhöhungen ließen sich stets in Einklang mit dem bringen, was eine unbedingte Stabilerhaltung der Währung erfordert, sei hier wenigstens am Rande vermerkt.

Stabilerhaltung der Währung unvereinbar wäre. Die Spanne, die der Notenbank in einer expandierenden Wirtschaft hierfür zur Verfügung steht, wird aber als nicht unerheblich enger anzusehen sein als der Differenzbetrag zwischen dem Geldbedarf zu Beginn und am Ende einer Periode wirtschaftlichen Aufschwungs. Sie ist insbesondere dann eingeengt, wenn das Bargeld gegenüber dem Giralgeld von hoher Bedeutung ist. Selbst wenn nun der Gesamtbetrag, der von der Notenbank zugunsten von Investitionen langfristig zu finanzieren wäre, erheblich niedriger läge als der zu erwartende Bedarfszuwachs an Zentralbankgeld, ließe sich im voraus nicht zuverlässig sagen, wann die Investitionsfinanzierung durch die Notenbank währungspolitisch vertretbar erscheint. Nur wenn mit einer engen Kommunikation der Teilmärkte gerechnet werden könnte, was durch eine hohe Zinsempfindlichkeit auf der Angebots- und Nachfrageseite erleichtert werden würde, wenn ferner eine Wirtschafts-, Finanz- und Sozialpolitik betrieben würde, die in der Stabilerhaltung des Preis- und Lohnniveaus eine kardinale Aufgabe sieht, und die Devisenbilanz auf die Dauer gesehen ausgeglichen wäre, bestünde einige Aussicht, daß die Notenbank ohne Schaden für die Währung an der Investitionsfinanzierung mitwirken könnte. Jedenfalls bedürfte es einer beträchtlichen Bewegungsfreiheit in der Bestimmung des Zeitpunkts, zu dem diese Finanzhilfe geleistet werden soll. Auf lange Sicht wird das Volumen an währungspolitisch vertretbarem deficit spending wesentlich auch davon beeinflußt sein, ob und wann es zur Tilgung der Staatsschulden bei der Notenbank kommt, was wiederum von der Wirtschaftlichkeit der Investitionen sowie allgemein der Ergiebigkeit der freiwilligen und erzwungenen Kapitalbildung und dem Umfang der Kapitalimporte abhängig wäre.

Bei den vorhergehenden Ausführungen war unterstellt worden, daß eine Politik der Stabilerhaltung des Geldwerts betrieben werden soll. Sogar in einem solchen Fall ist nun, wofür in der bisherigen Darlegung einige Hinweise gegeben wurden, mit zeitweise beträchtlichen Schwierigkeiten bei der Verteidigung des Geldwerts zu rechnen. Das träfe selbst für Länder zu, die infolge wirtschaftlich fortgeschrittener, in den Grundlagen stabiler politischer und sozialer Verhältnisse vergleichsweise leicht imstande sein werden, die technischen, aber auch die allgemeinen wirtschaftlichen und politischen Hindernisse zu überwinden, die einer Politik der unbedingten Stabilerhaltung des Geldwerts im Wege stehen.

Der Spielraum, der allenfalls für eine Geldentwertung bestünde[27], ohne daß deren Nachteile evident überwiegen würden — es möge hier

---

[27] Im Rahmen dieser Abhandlung kann unerörtert bleiben, wie groß der Spielraum gegebenenfalls sein könnte; daß er relativ beschränkt sein müßte, damit sich die Nachteile einer Geldentwertung in erträglichen Gren-

einmal hypothetisch angenommen werden, daß es einen solchen Spielraum auf die Dauer gibt —, wäre unter Umständen also bereits voll ausgenutzt, noch bevor überhaupt mit einem währungspolitisch bedenklichen deficit spending begonnen würde[28]. In Zeiten mit günstiger Konjunktur und Engpässen in der Versorgung kann dies nach aller Erfahrung als sehr wahrscheinlich, wenn nicht als sicher gelten. Mit anderen Worten: die ohnehin unter den genannten Voraussetzungen vorhandenen und nur schwer zu bändigenden Lohn- und Preissteigerungstendenzen gemeinsam mit jenen, die durch deficit spending, das nicht auf die Stabilerhaltung der Währung Bedacht nimmt, ausgelöst würden, wären zusammen mehr, als eine Wirtschaft ohne ernsten Schaden zu nehmen vertragen könnte. Deficit spending wäre alsdann sogar investitionspolitisch von Nachteil. Besonders die Finanzierung von Investitionen, die sich an langfristigen Plänen orientiert, würde behindert werden; denn nur, wenn es gelänge, Preise und Löhne einigermaßen stabil zu erhalten, könnten doch die Investitionskosten etwa auf dem Niveau verbleiben, das im Plan zugrunde gelegt wurde. Bei stabilem Geldwert ließe sich überdies eher mit einer beständigen Entwicklung des freiwilligen Sparens rechnen. Nur dann könnte mit einiger Aussicht auf Erfolg versucht werden, die künftige Sparkapitalbildung zu schätzen und das Ergebnis für den Finanzierungsplan zu verwerten. Schließlich wäre wertbeständiges Geld eine Voraussetzung dafür, daß sich Produzenten, Verteiler und Verbraucher in ihren wirtschaftlichen Entscheidungen nicht durch solch spekulative Erwägungen beeinflussen ließen, die jede vorausschauende zentrale Planung zunichte machten.

---

zen halten ließen, steht aber außer Frage. Vgl. zur Diskussion dieses Problems A. *Lewis*, „Die Theorie des wirtschaftlichen Wachstums", Tübingen/Zürich 1956, S. 271 f, der die Nachteile einer Geldentwertung zwar andeutet (s. z. B. S. 456 f des genannten Buches), sie aber doch nicht voll in Rechnung stellt, sowie die jederlei Art von Geldentwertung streng verurteilende Schrift der Vereinten Nationen „Processes and Problems of Industrialization in Underdeveloped Countries" New York 1955; s. ferner *E. M. Bernstein* and *I. G. Patel*, „Inflation in Relation to Economic Development", International Monetary Fund, Staff Papers, 1952, S. 363 ff; *E. M. Bernstein*, „Financing Economic Growth in Underdeveloped Economies" in „Savings in the Modern Economy", Minneapolis 1953; *N. S. Buchanan* and *H. S. Ellis*, „Approaches to Economic Development", New York 1955, S. 309 ff; *P. T. Bauer* and *B. S. Yamey*, a.a.O., S. 201 ff u. a.

[28] Auf die Zusammenhänge zwischen Wirtschaftswachstum, deficit spending und Inflation geht *Kindleberger*, „Economic Development", New York 1958, S. 190 ff, näher ein: „The opportunity lies rather in the possibility of limited inflation, which permits limited deficit financing." Doch wird das Verhältnis der über deficit spending (im hier verstandenen engen Sinne) erfolgten Geldschöpfung zu anderen Formen der Geldvermehrung — jener Punkt also, dem nach der in dieser Abhandlung vertretenen Auffassung besondere Aufmerksamkeit gebührt, — nur am Rande erörtert.

Die Auswirkungen von reichlichem deficit spending lassen sich nicht durch den Hinweis darauf verharmlosen, daß doch durch zunehmende Einfuhr von Konsumgütern, die gegebenenfalls mit Auslandskrediten zu finanzieren sei, ein Ausgleich für die wachsende Nachfrage geschaffen werden könne. Wie die Dinge liegen, werden Entwicklungsländer eine Finanzhilfe des Auslandes, zumeist mehr als zu verwirklichen ist, zugunsten der Einfuhr von Investitionsgütern und lebensnotwendigen Konsumgütern benötigen. Übermäßiges deficit spending aber führte zur Ausdehnung der Nachfrage nach weniger dringlichen Gütern. Wo läge überdies die Grenze für eine ausländische Finanzhilfe, die dazu bestimmt wäre, währungspolitisch nachteilige Auswirkungen von deficit spending zu neutralisieren? Nur zu leicht käme es dahin, daß eine Hilfe solcher Art in ein Faß ohne Boden geschüttet würde, da sie die Hemmungen gegen eine leichtsinnige Finanzpolitik verringern würde.

Die Ergebnisse der hier angestellten Überlegungen rechtfertigen die These, so wird abschließend behauptet werden dürfen, daß der Wert von deficit spending als Mittel zur Finanzierung von Investitionen in Entwicklungsländern leichter zu überschätzen als realistisch zu würdigen ist. Praktisch heißt dies, daß Entwicklungsländer oftmals mehr auf Finanzierungsarten außerhalb von deficit spending — und zwar nicht zuletzt auf einen ausländischen Kapitalbeitrag — angewiesen sind, als es ihnen selbst bereits deutlich geworden ist.

III. Bemerkungen zur Rangordnung und Qualität der verschiedenen Arten des Kapitalexports in Entwicklungsländer

Anhänger einer Wirtschaftsordnung, die die Vorteile des Wettbewerbs und der internationalen Arbeitsteilung nutzbar zu machen und dabei dem einzelnen Produzenten, Verteiler und Verbraucher ein möglichst großes Maß an Freiheit und Verantwortung zu belassen sucht, werden geneigt sein, den privaten und marktwirtschaftlich orientierten Kapitalexporten den Vorrang zu geben. Der öffentliche und der zentral gelenkte Kapitalbeitrag werden, selbst soweit sie der Grundausrüstung dienen, beargwöhnt. Die Wirtschaftlichkeit ihrer Verwendung erscheine weniger gesichert. Befürchtet wird überdies, daß sie, gewollt oder nicht, den marktwirtschaftlichen und den privatwirtschaftlichen Bereich unnötig einengen.

Das Ideal einer markt- und privatwirtschaftlich begründeten Rangordnung des Kapitalexports in Entwicklungsländer würde etwa wie folgt aussehen: an der Spitze stünde die Effektenanlage, die in keiner anderen Absicht vorgenommen wird, als Kapital sicher und unter Erzielung einer für angemessen gehaltenen Rendite anzulegen. Bei ihr wäre der Auswahl des rechten Objekts und der Bestimmung der Zinsen und der sonstigen Kreditbedingungen durch den Markt der breiteste Raum gelassen. Neben ihr, zum Teil aber auch — wegen später zu erörternder Nachteile — nach ihr, sind die Direktinvestitionen zu nennen[29]. Bei ihnen verbindet sich das Interesse an einer Kapitalanlage mehr oder weniger mit unternehmerischen Absichten. Den nächsten Platz nehmen Investitionen mittels Einräumung verlängerter Zahlungsziele ein. An ihnen ist, wenn sie ein bestimmtes Maß überschreiten und die Laufzeiten sich sehr ausdehnen, auszusetzen, daß sie zu einem ruinösen Wettbewerb der Lieferanten oder einer maßlosen Belastung der öffentlichen Haushalte führen können. Außerdem pflegt bei ihnen die Wirtschaftlichkeit der Objekte weniger überprüft zu werden. Unter den derzeitigen Verhältnissen sind die Lieferantenkredite in der Regel mit einer öffentlichen Bürgschaft ausgestattet; Staat oder Notenbank leisten überdies nicht selten bei der Aufbringung der Mittel Hilfestellung[30].

Die Arten des öffentlichen Kapitalbeitrags wären bei dem Versuch, sie in eine Rangordnung einzufügen, die der Markt- und Privatwirtschaft den Vorzug gibt, danach zu gliedern, wie stark jeweils der staatliche Einfluß ist. Es ergäbe sich etwa folgende Reihenfolge: Öffentliche Bürgschaft zugunsten eines privaten Kapitalgebers, Emissionen der Öffentlichen Hand zu regulären Bedingungen[31], Emissionen der Öffentlichen Hand mit Sonderkonditionen, schließlich Anleihen oder gar verlorene Zuschüsse unter Verwendung regulärer öffentlicher Einnahmen.

Die Wirklichkeit ist nun offenbar der Durchsetzung der eben grob skizzierten Rangordnung im Kapitalverkehr zwischen Industrie- und Entwicklungsländern nicht sonderlich günstig. Die Gründe, von denen

---

[29] In manchen Situationen werden sie gegenüber Anleihe-Investitionen, die nicht Beteiligungscharakter haben, sogar vorzuziehen sein; siehe hierzu die positive Würdigung der Direktinvestitionen bei *P. T. Bauer* und *B. S. Yamey* a.a.O., S. 143 f.

[30] Bestrebungen gehen dahin, im Interesse einer finanziellen Entlastung der Exportfirmen deren Forderungen aus der Gewährung längerfristiger Zahlungsziele an die Abnehmer ihrer Waren in gewissem Umfang auf öffentliche oder private Institute zu übertragen (näheres siehe *Billerbeck*, „Deutscher Beitrag für Entwicklungsländer", Schriften des Hamburgischen Welt-Wirtschaftsarchivs, Nr. 7, 1958, S. 49 f.). Alsdann würde aus den Lieferantenkrediten eine Spezies von Direkt- oder Anlageinvestitionen, wie es überhaupt keine klare Grenze zwischen den verschiedenen hier genannten Arten gibt. Inwieweit Lieferantenkredite im Falle der Umwandlung auch eine mehr positive Würdigung verdienen, läßt sich wohl nicht ohne Kenntnis der in Betracht kommenden Fälle sagen.

[31] Sie entsprechen unter Umständen besser den marktwirtschaftlichen Bedingungen als solche privaten Emissionen, die unter Ausnutzung einer Monopol-Position vorgenommen werden.

eine Anzahl bereits am Beispiel Indiens mitgeteilt wurde, lassen sich wie folgt zusammenfassen[32].

a) Allgemein, d. h. nicht allein mit den Entwicklungsländern, haben die Kapitalexporteure schlechte Erfahrungen gemacht. Es sind gerade die Regierungen wirtschaftlich bereits fortgeschrittener Länder, die in den letzten Jahrzehnten schlechte Beispiele gegeben haben, ohne daß sich dabei ein Unterschied zwischen Siegern und Besiegten, Reichen und Armen machen ließe[33]. Die Belastungen, denen die internationalen Beziehungen der Völker in den letzten Jahrzehnten ausgesetzt waren, erwiesen sich oft stärker als Vertragstreue, Bejahung des Grundsatzes der Gleichheit vor dem Gesetz und die Bereitschaft zur internationalen Zusammenarbeit im Geiste gegenseitiger Rücksichtnahme. Nicht selten war es allerdings, vom Blickpunkt der einzelnen Schuldner oder Regierungen aus gesehen, höhere Gewalt, die es zur Nichterfüllung von Verträgen und Diskriminierung von Ausländern hat kommen lassen. Selbst wenn die Beziehungen der Völker ideologisch, politisch und wirtschaftlich eine solidere Basis erhalten würden, die erlebten Enttäuschungen würden wahrscheinlich noch lange nachwirken. Privater und marktwirtschaftlicher Kapitalexport leiden unter ihnen weit mehr als der Güter- und Dienstleistungsverkehr oder die kurz- und mittelfristigen Geldbewegungen, da der wirtschaftlich handelnde Kapitalgeber der Solidität des Schuldners und des Schuldnerlandes auch in der ferneren, im einzelnen kaum mehr vorhersehbaren Zukunft vertrauen möchte.

b) Den Kapitalexporteuren[34] und Kapitalimporteuren in den Entwicklungsländern, zu denen im weiteren Sinne auch die dortigen Gesetzgeber und die öffentliche Verwaltung zu zählen sind, fehlt es an gemeinsam anerkannten Grundsätzen. Vordergründig gesehen sind das diejenigen, die sich auf die Sicherheit der Kapitalanlagen, ihre regelmäßige Verzinsung und Tilgung sowie die Betätigungsmöglichkeiten von Ausländern in der einheimischen Wirtschaft beziehen. Doch gibt es auch tiefwurzelnde Gegensätze ideeller und materieller Natur, die dann ihrerseits das wirtschafts- und finanzpolitische Verhalten bestimmen. Zum Beispiel führen sie zu divergierenden Auffassungen über das rechte

---

[32] Die nachfolgend vorgenommene Gliederung stimmt in vielem mit derjenigen *Guths*, „Der Kapitalexport in unterentwickelte Länder", Basel/Tübingen 1957, S. 34 ff, überein. Sie unterscheidet sich dadurch, daß manches als Folge gesehen wird, von dem *Guth* glaubt, es als selbständige Ursache nennen zu sollen. Im übrigen besteht ein Unterschied gegenüber den in der trefflichen Abhandlung *Guths* vertretenen einschlägigen Auffassungen darin, daß der Einfluß nicht wirtschaftlicher Faktoren, sowie überhaupt solcher, die mit einer Marktwirtschaft nicht zu vereinbaren sind, auf die sich stellenden Probleme und die Möglichkeiten der Lösung stärker berücksichtigt wird.

[33] Als Land, das auch in schwierigen Lagen die Rechte ausländischer Gläubiger und Partner geachtet hat, verdient die Schweiz genannt zu werden.

[34] Gemeint sind hier die ausländischen Gläubiger, Anteilseigner sowie die Institutionen, die deren Belange wahrnehmen.

Verhältnis zwischen Staat und Wirtschaft und den Nutzen oder die Realisierbarkeit des marktwirtschaftlichen Prinzips.

c) Die Verstaatlichung wichtiger Wirtschaftszweige in vielen Entwicklungsländern und eine dort zu beobachtende Neigung, den Bereich der staatlichen Wirtschaft weiter auszudehnen, beunruhigt besonders diejenigen Ausländer, die mit der Kapitalanlage zugleich die Absicht verbinden, sich als Unternehmer beim Aufbau und der Finanzierung der neuen Werke zu beteiligen oder die Einfluß auf die Struktur der Produktion oder deren Verteilung nehmen möchten. Die Aussicht auf Verstaatlichung stellt die Dauerhaftigkeit dahingehender Regelungen oft in Frage. Doch auch diejenigen, die allein eine angemessene Verzinsung oder Gewinnbeteiligung erwarten, pflegen sich besorgt zu fragen, ob im Fall der Verstaatlichung ihre Interessen angemessen gewahrt bleiben. Über die Höhe der Entschädigung, die Bedingungen für deren Auszahlung, insbesondere den Transfer des Verkaufserlöses, lassen sich ja nicht immer im voraus feste und zufriedenstellende Zusagen geben.

d) Der rasche technische Fortschritt, die Anreize, die sich aus dem Ost-West-Gegensatz für die investitionspolitische Aktivität innerhalb der industriellen Kernländer ergeben sowie der Umstand, daß die Kapitalbildung in den Industrieländern nicht immer mit der großen Nachfrage Schritt halten kann, engen die Bereitschaft fortgeschrittener Industrieländer zum Kapitalexport mehr ein, als es im Hinblick auf eine rasche Erschließung von Entwicklungsländern wünschenswert sein könnte. Während aus manchen Gründen an einer Kapitalzufuhr in solche Gebiete gelegen wäre, deren Anteil, gemessen am gesamten Kapitalaufkommen, größer zu sein hätte als in den Jahrzehnten vor dem ersten Weltkrieg, ist mitunter sogar eine gegenteilige Tendenz erkennbar.

Die soeben angedeuteten Schwierigkeiten sind offensichtlich ungemein verschiedener Natur. Einige unter ihnen scheinen bei gutem Willen schon in naher Zukunft verringert werden zu können, während das bei anderen wenig wahrscheinlich ist. Teils kommt es auf eine veränderte Einstellung der Kapitalnehmer, teils auf eine solche der Kapitalgeber an. Mitunter kann der Gesetzgeber des kapitalimportierenden oder -exportierenden Landes helfen; in anderen Fällen ist ein Wandel in der Haltung einer Vielzahl von Individuen, der nicht vom Staat her veranlaßt werden kann, nötig. In mancher Hinsicht sind allein die unmittelbar beteiligten Nationen zuständig, vieles ist aber auch von der allgemeinen internationalen Entwicklung abhängig. Krisen der Zahlungsbilanz eines Entwicklungslandes zum Beispiel, die durch eine länger anhaltende Baisse der Rohstoffpreise hervorgerufen sind, könnten trotz aller Anstrengungen eines Staates nicht immer durch eigene Kraft oder allein durch eine vorübergehende Finanzhilfe einzelner Staaten behoben werden.

Für die Probleme der Gegenwart und voraussichtlich auch die der Zukunft gibt es offenbar keine historische Parallele. Zwar kommt es heute wie früher wesentlich darauf an, daß die Erfüllung der moralischen und rechtlichen Verpflichtungen nicht außerordentlichen Belastungen ausgesetzt wird. Eben dies scheint aber in vieler Hinsicht schwieriger geworden zu sein; und zwar selbst, wenn von den Auswirkungen der Kriege abgesehen und kühn unterstellt würde, die erst jetzt souverän gewordenen Staaten könnten sich in Zukunft nationalistischer Übertreibungen mehr enthalten als — in der Vergangenheit — die Länder des Westens.

Angesichts der Hindernisse, die bis auf weiteres einer raschen Ausdehnung des privaten Kapitalexports in Entwicklungsländer im Wege stehen, stellt sich die Frage, ob nicht doch die Hauptanstrengungen zunächst darauf zu richten sind, den staatlichen Beitrag zu erhöhen[35]. Wird nicht selbst der treue Anhänger des marktwirtschaftlichen Prinzips dies wohl oder übel bejahen müssen? Wird es nicht zunächst vor allem darauf ankommen, die Grundausrüstung der betreffenden Länder zu verbessern, was auch in früheren Jahren nur mit staatlicher Hilfestellung möglich gewesen ist? Was zunächst die letztgenannte Frage angeht, so läßt sie sich nicht uneingeschränkt bejahen; vielfach gilt es, schon gleichzeitig mit einer leistungsfähigen Grundausrüstung die Wirtschaft der Entwicklungsländer in ihrer Breite zur Entfaltung zu bringen, also etwa die Landwirtschaft zu intensivieren sowie die Existenzmöglichkeiten von Mittel- und Kleinbetrieben in der gewerblichen Wirtschaft und die Erwerbsaussichten an den weniger günstigen Standorten zu verbessern.

Zu der ersten Frage aber ist, und zwar unabhängig davon, wie es mit der Grundausrüstung steht, folgendes zu bedenken: selbst wenn in den für einen Kapitalexport in Betracht kommenden Ländern die staatliche Einflußnahme auf die Kapitalbildung und -verteilung sehr weit gehen würde, sei es mit Hilfe der Steuerpolitik oder durch Interventionen auf dem Kapitalmarkt, würde es für die Regierungen solcher Staaten sehr schwierig sein, relativ hohe Beträge für die Erschließung anderer Länder flüssig zu machen. Solange die Wirtschaftsordnung der in Betracht kommenden Staaten in dem Maße marktwirtschaftlich orientiert ist, wie das für alle Industrieländer der westlichen Welt zutrifft und es dort ein weit gestreutes Eigentum auch an industriellen Produktionsmitteln gibt,

---

[35] Zu einer Bejahung dieser Frage neigen z.B. A. *Muddathir*, „Die Industrialisierung der wirtschaftlich unterentwickelten afrikanischen Länder und ihre Auswirkungen auf die Weltwirtschaft", 1957, S. 293 f, und wohl auch *Lewis*, siehe bes. S. 291—295 des zitierten Buches. Heute wie damals, so heißt es dort, bestehe das Problem darin, Finanzierungsmöglichkeiten für den sogenannten Regierungssektor der Volkswirtschaft zu finden.

werden Aufkommen und Verteilung des Kapitals erheblich von den einzelwirtschaftlichen Entscheidungen beeinflußt sein. Diejenigen nun, die für die Entwicklungsländer vor allem auf die Finanzhilfe ausländischer Regierungen vertrauen, unterstellen demgegenüber zweierlei: erstens, daß die Regierungen in der Lage sind, einen erheblichen Teil des sich bildenden Kapitals für ihre Zwecke verfügbar zu machen, zweitens, daß es möglich ist, hiervon wiederum so erhebliche Beträge zugunsten fremder Länder abzuzweigen, daß dagegen private Kapitalbeiträge nicht mehr sonderlich ins Gewicht zu fallen brauchen. Letzteres mag unter besonderen Umständen einmal zutreffen, nämlich dann, wenn die Finanzkraft des kapitalexportierenden Landes, gemessen an den Bedürfnissen eines bestimmten Entwicklungslandes, überragend ist und ein außerordentliches Interesse an einer finanziellen Stützung besteht. Im allgemeinen erscheint es aber schon angesichts der Größe des Kapitalbedarfs der betreffenden Staaten nötig, alles zu tun, um auch jene Kapitalquellen zu erschließen, die von den Entscheidungen der individuellen Kapitalanleger abhängig sind.

Es ist in diesem Zusammenhang insbesondere an Direktinvestitionen, aber auch an mittelfristige Lieferantenkredite zu denken, d. h. an Kapital, das nicht allein einer unmittelbar lohnenden Anlage, sondern auch unternehmerischer Interessen wegen, insbesondere im Hinblick auf die Sicherung des Exports von Investitionsgütern, gegeben wird. Zu tief wurzeln noch vielfach die wirtschaftlich oder politisch-ideologisch bedingten Hemmungen gegenüber Kapitalanlagen in Entwicklungsländern, zu stark erscheint vor allem die Konkurrenz möglicher Kapitalanlagen in den industriell fortgeschritteneren Ländern, als daß allein die Aussicht auf einen für angemessen gehaltenen Kapitalertrag genügend Anregungen zu geben vermöchte.

Der Ruf der Direktkredite ist infolge von Erinnerungen an die Kolonialzeit vielfach schlechter, als es nach Lage der Dinge berechtigt erscheint. Als Nachteil pflegen insbesondere eine durch sie bewirkte Überfremdung der inländischen Wirtschaft sowie die Einseitigkeit der Verwendung genannt zu werden. Zu bedenken ist demgegenüber aber, daß derartige Investitionen jedenfalls nur eine unter mehreren Arten darstellen. Anders als in der Kolonialzeit wird in den hier gemeinten Gebieten soweit sie über geordnete politische Verhältnisse und eine leidlich funktionierende Verwaltung verfügen, nunmehr eine Wirtschafts- und Finanzpolitik betreiben, die sich eine organische Entwicklung der gesamten Volkswirtschaft angelegen sein läßt[36]. Das begrenzt auch den möglichen Umfang und kann der Qualität der Direktinvestitionen zugute

---

[36] So sehr es auch in einer Anzahl der in Betracht kommenden Länder noch am Blick für das Erreichbare und überhaupt am Sinn für Proportionen fehlt.

kommen[37]. Die Weltbank sowie Regierungen einzelner Industrieländer lassen sich ebenfalls, soweit sie einen Kapitalbeitrag für Entwicklungsländer leisten, von der Überlegung leiten, wie die Wirtschaft des Empfängerlandes als Ganzes zur weiteren Entfaltung gebracht werden könne. Überdies gibt es in den meisten Staaten dieser Art heute einen öffentlichen Sektor und ist überhaupt eine rege staatliche Aktivität auf investitionspolitischem Gebiet zu verzeichnen, wodurch sich Einseitigkeiten infolge ausländischer Direktinvestitionen ausgleichen lassen.

Auf das besondere Interesse der Exporteure von Investitionsgütern wird als Stimulans für den Kapitalexport auch bei weiterer Verbesserung der internationalen wirtschaftlichen Zusammenarbeit bis auf weiteres kaum verzichtet werden können. Nur in einem Fall, der aber im Westen praktisch nicht gegeben ist, wäre das anders, wenn nämlich in dem kapitalexportierenden Land eine zentrale Verwaltungswirtschaft bestünde, in der alle wesentlichen Entscheidungen über die Produktionsziele sowie die Struktur der Verteilung von Gütern und Geldkapital einschließlich des Verhältnisses zwischen Konsum und Investitionen von einer Zentrale aus erfolgten. Dagegen ist in diesem Zusammenhang von nur geringer Bedeutung, ob ein Teil der Unternehmen, die an der zuletzt besprochenen Art des Kapitalexports interessiert sind, ganz oder teilweise der Öffentlichen Hand gehört. Auch deren Leitungen würden sich eine Position auf den Märkten von Entwicklungsländern sichern wollen. Der Staat könnte seine Finanzhilfe auch nicht etwa mit der Auflage verbinden, daß die ihm gehörenden Werke bei Lieferungen in die Schuldnerländer bevorzugt zu berücksichtigen seien. Begründete Proteste aus Kreisen der übrigen Wirtschaft würden unausbleiblich sein.

Das Angewiesensein auf privates Auslandskapital ist demnach so groß, daß dieser Umstand sogar die Grundlagen der wirtschaftspolitischen Konzeption der Entwicklungsländer zu beeinflussen hätte, insbesondere soweit sie das Verhältnis des Staates zur Wirtschaft[38] sowie die Stellung von Ausländern im einheimischen Wirtschaftsleben betreffen. Die Regierung eines solchen Staates würde den wirtschaftlichen Interessen ihres Landes schaden, wollte sie sich ohne wirklich schwerwiegende Gründe gegen privat- und marktwirtschaftliches Handeln im nationalen und

---

[37] Durch die Festlegung von Höchstsätzen für den ausländischen Kapitalanteil besteht schließlich die Möglichkeit für die einheimischen Regierungen, einer unerwünschten Ausdehnung solcher Investitionen zu begegnen.

[38] Auf der anderen Seite wird man in den industriellen Kernländern des Westens gut daran tun zu bedenken, daß bei der Bestimmung des Verhältnisses von Staat und privater Wirtschaft in Entwicklungsländern andere Faktoren mitwirken als bei ihnen selbst, insbesondere daß in jenen der Staat teils aus zwingenden sachlichen Gründen, teils infolge historisch bedingter ideologischer Bindungen oft einen höheren Rang einnimmt.

internationalen Rahmen einnnehmen lassen[39]. Es sei denn, sie wäre bereit oder gezwungen, den Rubikon zu überschreiten und Heil in einer autoritär geleiteten Gesellschafts- und Wirtschaftsordnung zu suchen. Offenbar kommt es darauf an, alles zu tun, um die Misere des privaten Kapitalexports zu überwinden und zugleich den öffentlichen Beitrag zu erhöhen. Hierin liegt nicht etwa ein Widerspruch, denn der Investitionsbedarf in den hier interessierenden Ländern ist so vielgestaltig, daß sich privater und öffentlicher Kapitalexport nicht Konkurrenz zu machen brauchen. Im Gegenteil, sie sind aufeinander angewiesen. Bei näherem Zusehen erweist sich der Zusammenhang zwischen privatem und öffentlichem, wirtschaftlichem und politischem, ja sogar marktwirtschaftlichem und zentral gelenktem Kapitalbeitrag zugunsten der Erschließung überseeischer Gebiete als so komplex, zeigt sich ein solches Maß von Wechselwirkungen, daß es streng genommen nicht erlaubt sein kann zu meinen, die eben genannten Begriffspaare brächten in der Praxis stets einander ausschließende Tatbestände oder Gegensätze zum Ausdruck. So ist auch ein großer, ja vielleicht der größere Teil der privaten Auslandsinvestitionen in Entwicklungsländern heute zugleich auch gewolltes Ergebnis politischen Handelns. Das gilt nicht nur in den Fällen, in denen der Kapitalgeber öffentliche Bürgschaften beansprucht oder er eine Anleihe einer Regierung, der Weltbank oder einer anderen öffentlichen Institution zeichnet. Das eben Gesagte kann auch zutreffen, wenn das für eine Investition benötigte Kapital zwar ausschließlich von privater Seite stammt, es aber der Finanzierung oder Mitfinanzierung eines Projekts zugute kommt, das sich erst mit Hilfe der Regierung eines kapitalexportierenden oder -importierenden Landes verwirklichen läßt.

Durch seine Gesetze und administrativen Maßnahmen beeinflußt der Staat zumindest mittelbar und ungewollt Höhe, Art und Richtung der privaten Investitionen. Ausdruck politischer Absichten werden letztere um so mehr sein, je ausgedehnter die jeweils betriebene Politik die Grundlagen der Wirtschaftsstruktur sowie die leitenden Prinzipien zugunsten ökonomischer Fernziele zu verändern sucht. Soweit staatliche Organe oder andere öffentliche Institutionen Investitionen in eigener Regie ausführen, dienen sie zumeist einer politischen und zugleich wirtschaftlichen Absicht, das heißt, vollzieht sich politisches Handeln im Bemühen um Erreichung wirtschaftlicher Ziele. Derartige Kapitalanlagen können bekanntlich vollauf mit den Interessen der privaten

---

[39] „Nothing matters so much as the quality of the people. The personal habits and traits associated with the use of capital — among them initiative, prudence, ingenuity and forsightedness — give a deeper and surer base to a nation's economic advance than the blueprints of a planning commission. ... The state might withdraw from areas where individual enterprise has learned to stand on its own feet and turn its attention to other fields where its powers are needed to clear the way." *Nurkse,* a.a.O., S. 155 f.

Wirtschaft übereinstimmen, insbesondere dann, wenn diese die Investitionen nicht selbst auszuführen imstande oder doch nicht hierzu bereit ist, sie aber angemessenen Nutzen aus ihnen zieht.

Daß es nicht möglich ist, die verschiedenen Arten des Kapitalbeitrages eindeutig in eine Rangordnung einzustufen, läßt sich an Hand folgender Überlegungen noch weiter verdeutlichen. Entscheidungen über den Kapitalexport in ein Entwicklungsland[40] lassen sich von zumindest vier verschiedenen Standpunkten aus beurteilen, dem des inländischen Investors, der Regierung des kapitalimportierenden Landes, des ausländischen Kapitalgebers und schließlich der Regierung des kapitalexportierenden Landes. Die Standpunkte lassen sich nicht etwa stets durch einen Kompromiß oder eine Synthese versöhnen.

Die Interessen des privaten Investors im Inland, d. h. hier im Entwicklungsland, und des privaten ausländischen Kapitalgebers brauchen selbst dann nicht voll einander zu entsprechen, wenn dem letzteren lediglich an Rentabilität und Sicherheit der Kapitalanlage gelegen ist. So ist die Sicherung des Transfers der Zinsen und Tilgungsraten für den Kapitalgeber kaum weniger wichtig als ihre Aufbringung in inländischer Währung. Die Maßnahmen, die hierzu währungs- und wirtschaftspolitisch im Schuldnerland zu erfolgen haben (u. U. Beschränkungen der Einfuhr, Kreditrestriktionen, relativ hohe Steuern u. a.), werden aber durch den inländischen Investor und den ausländischen Kapitalgeber womöglich verschieden bewertet. Ersterer würde unter Umständen auch die im Zusammenhang mit solchen Maßnahmen zu erbringenden Opfer mit zu tragen haben. Ein Anlaß zu Meinungsverschiedenheiten kann weiterhin darin liegen, daß sich die Auffassungen über das, was als angemessene Sicherheit für die Kapitalanlage empfunden wird, beim Inländer und Ausländer nicht decken. Das wird besonders dann von Bedeutung sein können, wenn die Inanspruchnahme von ausländischem privatem Kapital aus ideologischen und politischen Gründen mit Argwohn beurteilt wird.

Zwischen inländischem Investor und ausländischem Kapitalgeber sind weitgehende Differenzen vornehmlich dann möglich, wenn letzterer mit seiner Kapitalanlage auch unternehmerische Interessen verfolgt. Entsprechendes kann auch im umgekehrten Verhältnis vorkommen. So, wenn der ausländische Kapitalgeber an hoher Rentabilität interessiert ist, während die kapitalnehmenden Partner im Inland unternehmerische Interessen haben, die nicht notwendig mit dem Verlangen nach höchstmöglicher Erzielung oder Ausschüttung von Gewinnen vereinbar sind. Gegensätze der erwähnten Art können sich auch ergeben, wenn alle an der Investition Beteiligten im Inland wohnen. Es liegt aber auf der Hand, daß sie häufiger sind und gewichtiger zu sein vermögen, sofern wirt-

---

[40] Das gilt nicht nur für den Export in ein Entwicklungsland; bei ihm kommt diesem Umstand aber wohl eine besondere Bedeutung zu.

schaftliche Interessen von Partnern aus verschiedenen Ländern mit sehr unterschiedlichen Verhältnissen im Spiele sind.

Differenzen zwischen Investoren und inländischer Regierung zeigen sich vor allem in verschiedenen Ansichten darüber, welcher Investitionsbedarf vordringlich zu decken ist. Es geht dabei nicht allein um die Bestimmung der Anteile des öffentlichen Bedarfs, sondern auch allgemein um die Relation zwischen Investitionen mit konsumnahen und konsumfernen Zwecken sowie gegebenenfalls deren regionale Verteilung.

Eine ausländische Regierung, die Bürgschaften übernimmt oder Kredite und Zuschüsse zugunsten von Investitionen im Ausland gewährt, kann Meinungsverschiedenheiten mit den ausländischen privaten Kapitalgebern über das, was zur Förderung des Kapitalexports zu tun ist, einmal aus fiskalischen Gründen, dann aber auch infolge wirtschaftlicher Überlegungen haben. Der Lieferant von Investitionsgütern, der aus Konkurrenzgründen glaubt, längerfristige Zahlungsziele einräumen zu müssen und der hierbei Unterstützung von Regierung und Notenbank erwartet, wird die Gewährung einer Finanzhilfe günstiger beurteilen als die Regierung seines Landes. Diese wird eher den Umstand berücksichtigen können und wollen, daß es als Folge einer staatlichen Förderung des Lieferantenkredits zu einer schädlichen Konkurrenz zwischen den Ländern, die Investitionsgüter ausführen, kommen kann.

Sie wird über dies eher als der Exporteur selbst in Rechnung stellen können, daß Art und Umfang des Kapitalexports nur *ein* Bestimmungsgrund unter mehreren für einen hohen Güterexport sind, das heißt, daß relativ niedrige Preise des Lieferlandes, gute Qualität der Waren, sorgfältige technische Beratung sowie Zuverlässigkeit in der Belieferung ungünstigere Konditionen in der Finanzierung auszugleichen imstande sind.

Die Differenzen über die Verwendung von Finanzhilfen zwischen den verschiedenen Parteien können in unterschiedlichen wirtschaftlichen, sozialen und politischen Interessen, aber auch in der geistigen Haltung begründet sein. Oft ist nicht eindeutig zu beantworten, welcher Standpunkt besser den politischen und sozialen Anforderungen entspricht. Nicht einmal nachträglich ist stets Klarheit zu gewinnen, denn wirkliche Erfahrungen lassen sich ja jeweils nur mit *einer* Lösung machen. Je mehr die jeweilige Wirtschaftspolitik danach strebt, die Grundlage der Wirtschaft im Interesse von Fernzielen zu verändern und je ausgedehnter die Entscheidungen einzelner Individuen, Personengruppen, sozialer Schichten oder einzelner Völker vom Streben nach Macht sowie sozialer und politischer Geltung beeinflußt werden, desto verschiedener werden sich oft die Dinge von den einzelnen Positionen aus darstellen.

Zu den echten Meinungsverschiedenheiten, also jenen, die sich mit Hilfe von Aussagen über richtig und falsch, gut und schlecht, realisierbar und nicht realisierbar nicht voll auflösen lassen, kommt dann die Vielzahl jener, bei denen sich eine der Parteien irrt; etwa über das, was optimal wirtschaftlich ist oder was aus diesem oder jenem Grunde als politisch oder sozial oder in sonstiger Weise vom Standpunkt einer bestimmten geistigen Haltung aus als erwünscht anzusehen ist. Zwischen privaten Investoren oder Kapitalgebern einerseits und Regierungen andererseits kann es überdies zu geteilten Auffassungen kommen, weil es für jene nicht immer ausschlaggebend ist, ob die Investition optimal wirtschaftlich ist. Das trifft etwa dann zu, wenn der Staat durch Übernahme einer Bürgschaft dafür gesorgt hat, daß für den Investor oder Kapitalgeber keine Verluste entstehen können.

Einige ergänzende Bemerkungen sollen sich auf das Verhältnis der behördlich manipulierten zu den sich marktwirtschaftlich orientierenden Investitionen beziehen. Wenn es sich darum handelt, in relativ großem Umfang Mittel für solche Investitionen verfügbar zu machen, die erst verhältnismäßig spät rentabel werden oder die lediglich der volkswirtschaftlichen Produktivitätssteigerung im allgemeinen zugute kommen oder deren staatliche Förderung sonstwie im Interesse eines raschen Wachstums zu liegen scheinen, dann wird nicht nur eine Steuerung des inländischen, sondern unter Umständen auch des ausländischen Kapitals in Betracht kommen[41]. Vorauszusetzen ist allerdings, daß das Kalkül der langfristigen Planung wirklichkeitsnahe ist, es insbesondere den politischen, sozialen und wirtschaftlichen auf längere Sicht hin sich stellenden Aufgaben gerecht wird und dabei das real Mögliche in etwa zutreffend in Rechnung gestellt wird.

Die Gefahr eines Fehlschlages ist bei den manipulierten Investitionen bekanntlich schon deshalb größer, weil die Wirtschaftlichkeit der Objekte als solche weniger gesichert ist. Einmal sind die Rentabilitätsaussichten der überhaupt in Betracht kommenden Projekte oft weniger günstig zu beurteilen, zum anderen fehlt es der zentral gelenkten Wirtschaft an einem so zuverlässigen Mechanismus wie dem frei sich bildenden Preis, um die rechte Auslese treffen zu können. Bei jenen manipulierten Investitionen, die der Verwirklichung von Fernzielen dienen, fällt überdies nachteilig ins Gewicht, daß sich bei den zu treffenden Entscheidungen

---

[41] Eine gewisse staatliche Einflußnahme auf die Verteilung des ausländischen Kapitals folgt unvermeidlich bereits dadurch, daß die Regierung zugunsten von Schwerpunktinvestitionen auf Umfang und Verteilung des inländischen Kapitalaufkommens Einfluß nimmt; denn mittelbar werden hierdurch teils gewollt, teils ungewollt die Investitionsbedingungen auch in den nicht privilegierten Zweigen mitbestimmt. Indem die Beschaffung inländischen Kapitals für manche Wirtschaftszweige oder Betriebe erschwert wird, verringert sich häufig der Anreiz für ausländische Kapitalgeber — zumal dann, wenn Wert darauf gelegt wird, Inländer am Eigentum industrieller Unternehmungen zu beteiligen.

eine stabile politische Verfassung und Sozialstruktur, eine gesunde Währung sowie geordnete Rechtsverhältnisse im internationalen Personen-, Güter-, Geld- und Kapitalverkehr weniger als bei den ordinären[42], im Rahmen der Marktwirtschaft üblichen Entscheidungen als gegeben ansehen lassen.

All dies schließt nicht aus, daß den manipulierten Investitionen unter Umständen der Vorzug gebührt, und zwar nicht allein, soweit sie der Grundausrüstung zugute kommen. Dies gilt unabhängig davon, ob die benötigten Mittel über den Kapitalmarkt und die Selbstfinanzierung oder im Wege der Inanspruchnahme regulärer Einnahmen des öffentlichen Haushalts aufgebracht werden[43]. Es ließe sich nicht etwa immer einwenden, marktwirtschaftlich handelnde Unternehmer seien besser als eine zentrale Behörde zur Beurteilung der rechten Kapitalanlage imstande; es sei daher gegebenenfalls eine geringere Kapitalanlage der privaten Wirtschaft richtiger, als wenn das private Kapitalaufkommen durch einen staatlichen Beitrag erheblich ergänzt werde. Dem steht nicht allein die Größe und Dringlichkeit des zu deckenden Bedarfs, sondern eben auch der Umstand entgegen, daß es für die Kreditwürdigkeit auf die Beurteilung einer langfristigen Planung ankommen kann, die sich mit ihren vielfältigen Komponenten nicht allein mit den Maßstäben eines erwerbswirtschaftlich handelnden Unternehmers beurteilen läßt.

Dem Zwang zu Manipulationen im Interesse einer Bildung von Schwerpunkten in der Investitionsfinanzierung steht nicht entgegen, daß die Regierung des Entwicklungslandes mancherlei tun kann, damit der ausländische Kapitalgeber die Möglichkeit erhält, seine Entscheidungen davon abhängig zu machen, ob Sicherheit und angemessene Rendite der Kapitalanlage gewährleistet erscheinen. So könnten die inländischen Regierungen durch Übernahme von Bürgschaften, ferner eine steuerliche Begünstigung bestimmter Investitionen und die Gewährung von Zinszuschüssen sowie schließlich mit Hilfe einer Kapitalbeteiligung aus öffentlichen Mitteln die Finanzierung sogar solcher Objekte erwerbswirtschaftlich interessant machen, die erst spät rentabel werden. Aus-

---

[42] In einer kapitalintensiven Wirtschaft zeigen sich außerordentliche Risiken gewiß auch bei einem Teil derjenigen Investitionsaufgaben, die privat- und mehr oder weniger marktwirtschaftlich zu erfüllen sind; sie haben dort aber nicht ein vergleichbar hohes Gewicht für die Volkswirtschaft im ganzen.

[43] It is one of the ironies of our time, that „capitalist" America, the country which supposedly stands for free enterprise, strongly encouraged the European countries in their central planning (*Haberler*, „Some Economic Problems of the European Recovery Program", American Economic Review, September 1948, S. 517 f). Was gegenüber Europa in der Hauptsache auf eine verhältnismäßig kurze Zeitspanne beschränkt war, trifft im Hinblick auf die Entwicklungsländer auf unabsehbare Zeit zu.
Weitere Überlegungen zu diesem Problem finden sich im Anhang unter C.

ländische Kapitalien der verschiedenen Arten, private und staatliche, marktwirtschaftlich sich orientierende und zentral gelenkte, kämen, soweit es in der eben angedeuteten Weise gelingt, einen erwerbswirtschaftlichen Anreiz zu geben, vom Blickpunkt der Interessen des kapitaleinführenden Landes weitgehend nebeneinander in Betracht, ohne daß die speziellen Vor- oder Nachteile der einzelnen Arten sonderlich in die Waagschale zu fallen brauchten. Die den erwähnten Manipulationen gezogenen Grenzen werden aber um so fühlbarer sein, je ferner der Zeitpunkt ist, zu dem das zu finanzierende Objekt voraussichtlich rentabel wird oder sich die Produktivität der Wirtschaft im ganzen erhöht. Je länger nämlich die Laufzeit des benötigten Kredits ist, um so mehr macht sich das Gewicht eben derjenigen Unsicherheitsfaktoren bemerkbar, die sich für den erwerbswirtschaftlich Handelnden nicht ausgleichen lassen. Um so mehr erstreckt sich, wie schon in anderem Zusammenhang hervorgehoben, die Unsicherheit womöglich sogar auf die Rechtsordnung des Entwicklungslandes selbst und überhaupt auf die Grundlagen seines politischen, sozialen und wirtschaftlichen Lebens.

Es wird also von seiten des kapitalimportierenden Landes oft selbst bei großen Anstrengungen nicht möglich sein, dem Verlangen nach Sicherheit sowie beständiger und angemessener Rendite der Kapitalanlage voll zu entsprechen. Auf die Bereitschaft der Kapitalgeber zur Übernahme außerordentlicher Risiken kann nach alledem nicht verzichtet werden. Dazu wird, wie schon betont, der Träger von Direktinvestitionen oder der Lieferant von Investitionsgütern eher bereit sein, als der nur an Rendite und Sicherheit interessierte Zeichner einer Anleihe. Regierungen werden mitunter aus politischen Gründen[44] dazu neigen, außerordentliche Risiken in Kauf zu nehmen.

Mehr noch als sonst wird aber in diesen Fällen dem Kapitalgeber ein eigenes Urteil über die Annahmen zuzugestehen sein, mit denen die Kapitalnehmer die Wirtschaftlichkeit ihrer Kapitalanlage begründen. Gegenstand des Interesses wird unter anderem zu sein haben, ob die Quellen, welche die Finanzierung im ganzen speisen sollen, in ihrer Stärke etwa zutreffend veranschlagt zu sein scheinen und ob die Problematik des dauerhaften Ausgleichs der Zahlungsbilanz genügend in Rechnung gestellt ist. Darüber hinaus wäre zu prüfen, ob genügend auf Homogenität der Investitionsvorhaben geachtet ist und diese auch dann noch gesichert erscheint, wenn die Entwicklung Abstriche vom Programm nötig macht, und schließlich, ob die Aufteilung der Investitionen auf Staat und Wirtschaft, auf den zentral geleiteten und den marktwirtschaftlich orientierten Sektor, wirtschaftlich günstig zu beurteilen ist.

---

[44] Sie lassen sich freilich von wirtschaftlichen Überlegungen — z. B. beeinflußt von der Sorge um eine zufriedenstellende Außenhandelssituation in der weiteren Zukunft — nicht trennen.

Es liegt nahe, daß es aus den eben genannten Gründen zu Gegensätzen zwischen ausländischen Kapitalgebern einerseits, Regierung und Wirtschaft des kapitalnehmenden Landes andererseits kommen kann. Deren Würdigung wird jeweils davon abhängen, inwieweit die Kapitalgeber für die besondere wirtschaftliche, politische und psychologische Situation des Entwicklungslandes aufgeschlossen sind und diesem gegenüber jene Achtung und Zurückhaltung aufbringen, die einem souveränen Staat gebühren, wieviel Verständnis andererseits in dem betreffenden Land dafür vorhanden ist, daß ein Kapitalgeber nüchtern rechnen und um Sicherheit seiner Anlagen bemüht sein muß, nicht zuletzt dann, wenn er über fremde Gelder verfügt oder er über die Einkünfte aus Steuern zu befinden hat.

Auch der Lieferantenkredit verdient im Fall wohlüberlegter Investitionslenkung durch den Staat besser beurteilt zu werden, als wenn allein die Marktwirtschaft Leitbild wäre oder zu sein hätte. Verdeutlichen läßt sich das mit der nachfolgend wiedergegebenen Stellungnahme *Guths:* „Wenn die unterentwickelten Länder ... — mit der Methode des Gegeneinanderausspielens immer mehr und immer längere Kredite zu erlangen verstehen, so unterliegen sie allzu leicht der Versuchung, zu viel Projekte in Angriff zu nehmen. ... Vom Kapitalgeber her gesehen erfolgt ebenfalls keine marktgerechte Auswahl produktiver Projekte. Für welche Zwecke derartige Kredite in größerem Umfang gewährt werden, hängt vielmehr weitgehend von den vorübergehenden und zufälligen Absatznotwendigkeiten der Lieferanten ab. Die in übermäßig verschuldeten Ländern besonders hohen Risiken, auf Grund deren bei privater Finanzierung ein Kapitalexport sicher nicht in Frage käme, können ‚dank' der staatlichen Garantie in Kauf genommen werden. Fehlinvestitionen sind dann unvermeidlich[45]."

Die vorstehend zitierte Stellungnahme *Guths* gilt weitgehend zwar auch bei Anerkennung der hier angestellten Überlegungen; die Akzente verschieben sich aber. Sofern die langfristige Planung und die Art und Weise ihrer Verwirklichung wohl begründet sind, ist auch für Lieferantenkredite ein weiterer Rahmen als sonst gegeben. Wenn die Struktur der Wirtschaft grundlegend verändert und der Ausbau rascher ermöglicht werden soll, als es im freien Spiel der Kräfte gelingen könnte, brauchte eine Inanspruchnahme mittel- oder gar längerfristiger Lieferantenkredite ebensowenig wie die von Direktkrediten die Wettbewerbsbedingungen in den Entwicklungsländern zu verfälschen und den Ausbau normaler internationaler Finanzbeziehungen zu erschweren. Sie kann statt dessen dazu beitragen, überhaupt erst einmal eine Ausweitung des Wettbewerbs zu ermöglichen. Allerdings wird das, was auf dem Weg außerordentlicher Anstrengungen und ohne der Konkurrenz voll ausgesetzt

---
[45] *Guth,* a.a.O., S. 44 f

gewesen zu sein zustande gebracht wurde, im allgemeinen der Anpassung bedürfen, sobald es sich im Wettbewerb zu bewähren hat; denn die dann herrschenden Bedingungen lassen sich nun einmal nicht exakt im voraus schätzen.

Auf einen Mangel des Lieferantenkredits bleibt aber auch an dieser Stelle hinzuweisen. Der Lieferant kann im Vertrauen auf staatliche Bürgschaft oder die spätere Ablösung der Forderung durch ein mit öffentlichen Geldern arbeitendes Institut zu einer großzügigeren Gewährung solcher Kredite neigen, als dies dem wohlverstandenen Interesse der Wirtschaft des Lieferlandes und vielleicht auch demjenigen des Empfängerlandes entspricht[46]. Die Regierung wird daher bei Erteilung von Bürgschaften der hier interessierenden Art jedenfalls besonderen Anlaß zu kritischer Prüfung von Höhe, Verwendungszweck und Laufzeit der zu verbürgenden Kredite haben. Im übrigen liegt es auch im Interesse der Exportfirmen, daß sie Maß halten bei der Ausnutzung ihrer eigenen finanziellen Möglichkeiten, längere Zahlungsziele zu gewähren.

Zum Schluß sei noch auf ein Problem aufmerksam gemacht, das sich vorerst schwerlich ganz wird lösen lassen. Auf die Bereitschaft der Kapitalgeber zur Übernahme außerordentlicher Risiken könne, so war gesagt worden, nicht verzichtet werden. Damit ist noch offengeblieben, ob denn in der Regel eine nach internationalen Maßstäben angemessene Verzinsung ausländischer Kapitalanlagen in Entwicklungsländern jedenfalls erstrebt werden soll. Ein Zins, der den Regeln der Marktwirtschaft entspricht, müßte unter Umständen hoch sein. Er hätte den speziellen Risiken Rechnung zu tragen, die nun einmal mit einem Teil der Kapitalanlage in einem Land verbunden sind, dessen wirtschaftliche, soziale und vielleicht auch politische Verhältnisse außerordentlichen Veränderungen unterliegen können. Ein hoher Zins beeinträchtigt aber nicht nur die Kontinuität im Transfer der Zins- und Tilgungsraten, er kann auch die Rentabilität der Neuinvestitionen in Frage stellen oder doch empfindlich verzögern. Er kann überdies, sofern die Regierung oder eine andere öffentliche Stelle Schuldner ist, den öffentlichen Haushalt bedenklich belasten. Deshalb aber *generell* die Erträge aus ausländischen Kapitalanlagen nicht in vollem Umfang zu transferieren, sondern statt dessen den ausländischen Gläubigern gegebenenfalls Ausgleichszahlungen durch die Regierung des Gläubigerlandes zu leisten, kann schwerlich der richtige Ausweg sein. Das hieße, unproportionierte, insbesondere überdimensionale sowie übereilte Investitionen zu begünstigen, und zwar auch dann, wenn die Verpflichtungen, die die Auslandsschuldner

---

[46] Dadurch, daß es im allgemeinen üblich ist, öffentliche Bürgschaften zugunsten von Lieferantenkrediten nicht für den Gesamtbetrag zu gewähren, sondern dem Lieferanten ein eigenes Risiko zu belassen, wird die Neigung zu besagter Großzügigkeit zwar gedämpft aber doch nicht immer gefahrlos.

in inländischer Währung aufzubringen hätten, nicht künstlich niedrig gehalten würden. Mancherlei Kontrollen wären nötig, die, gewollt oder nicht, zu einer behördlichen Einflußnahme auf Investitionen und Kapitalverteilung selbst in jenem Bereich führen müßten, der auch in einem Entwicklungsland am besten privat- und marktwirtschaftlich geordnet wäre. Wahrscheinlich würden dadurch manche potentiellen ausländischen Kapitalgeber, soweit sie erwerbswirtschaftlich handeln, abgeschreckt. Im übrigen brächte eine allgemeine Verringerung der zu transferierenden Kapitalerträgnisse, die zu Ausgleichszahlungen der Regierungen von Gläubigerländern führte, für diese eine steigende und im voraus nicht zu berechnende finanzielle Belastung.

Anders ist eine Verbilligung der zu transferierenden Verpflichtungen aus ausländischen Kapitalanlagen, die aus öffentlichen Mitteln finanziert werden, zu beurteilen. Deren Hergabe unterliegt ohnehin weniger den marktwirtschaftlichen Gesetzen; die wirtschaftlichen und fiskalischen Auswirkungen ließen sich eher übersehen; so könnte auch das Ausmaß leichter innerhalb vorherbestimmter Grenzen gehalten werden. Allerdings wäre darauf zu achten, daß die Subventionen nicht zu ausgedehnt und nicht wahllos gewährt werden; andernfalls ergäben sich mehr und mehr Störungen in jenem Bereich, der marktwirtschaftlich geordnet ist oder es doch sein sollte. Auch würden Regierung und Wirtschaft des kapitaleinführenden Landes womöglich dazu verleitet zu meinen, daß sie auf ausländisches Privatkapital verzichten könnten. Am ehesten bietet sich eine Verbilligung zugunsten solcher Investitionen an, die ohnehin keine reguläre Rendite erwarten lassen; ein generelles Schema läßt sich aber gewiß nicht entwerfen. Von Land zu Land und von Zeit zu Zeit werden sich die Dinge anders darstellen.

Die im einzelnen zu lösenden Probleme lassen sich nicht etwa dadurch aus der Welt schaffen, daß generell zwar keine Ermäßigung der zu transferierenden Beträge aus Kapitalverschuldungen, wohl aber eine allgemeine staatliche Transfergarantie gegeben würde. Auch dem wären, zumindest für die schwächeren Länder, fiskalische Grenzen gezogen. Überdies würde eine weit ausgedehnte Garantie solcher Art einen Anreiz für Kapitalimporteure und auch -exporteure schaffen, sich für Projekte zu interessieren, die sich nicht im Einklang mit der Leistungsfähigkeit der Wirtschaft des Empfängerlandes befinden. Daß in der erwähnten Hilfestellung, deren Art und Ausmaß den eben genannten Gefahren Rechnung zu tragen suchen, ein Beitrag zur Überwindung der hier besprochenen Schwierigkeiten liegen kann, ist andererseits nicht zu bestreiten. Ungleich wertvoller als eine Garantie des Kapital empfangenden Staates wäre natürlich diejenige eines wirtschaftlich, und zwar auch devisenwirtschaftlich, relativ starken Gläubigerlandes. Die Regierung eines Empfängerlandes kann nun einmal nicht gewährleisten, daß sie jedenfalls für Verluste, die sich aus ihrem wirtschaftlichen oder auch politischen Unvermögen ergeben, eintreten wird, und zwar so rasch und vollständig, daß es gar nicht erst zu Schäden kommt.

In jüngster Zeit ist von dem nordamerikanischen Senator *Monroney* ein neuer Plan zur Finanzierung von Investitionen in Entwicklungsgebieten vorgelegt worden. Er geht davon aus, daß die bestehenden Institute, vor allem die Weltbank, bei der Vergabe von Anleihen streng bankmäßige Maßstäbe anlegen und dabei viele, in einem weiteren Sinne durchaus förderungswürdige, Vorhaben unberücksichtigt bleiben müssen. Um zu einer schnelleren Erschließung der noch weniger entwickelten Gebiete vermehrt beizutragen, schlägt der Senator vor, eine International Development Association (IDA) zu gründen, die den Entwicklungsländern Anleihen zu günstigeren Bedingungen, insbesondere auch niedrigeren Zinsen, als die Weltbank geben würde und auch dann einspringen sollte, wenn beispielsweise die fristgemäße Rückzahlung nicht unbedingt gesichert erscheint. Die „soft loans" sollen — im Gegensatz zu den „hard loans" — in verschiedenen Währungen, harten und weichen, bereitgestellt werden; ihre Rückzahlung wäre teilweise in Landeswährung der Empfängerländer erlaubt. Im Falle einer Verwirklichung des genannten Projekts wird es aus den zuvor genannten Gründen entscheidend darauf ankommen, eine *allgemeine* Verwässerung der Kredit- und Transferbedingungen zu vermeiden. Nur dann wird sich die Verwirklichung des Plans in fiskalisch erträglichen Grenzen halten lassen und vermieden werden können, daß er, statt wirtschaftlich zu nützen, die Unwirtschaftlichkeit fördert.

Auf die Frage, wo die obere Grenze für einen öffentlichen Kapitalbeitrag zugunsten der Entwicklungsländer liegt, läßt sich, wie auch im Rahmen dieser Untersuchung unter den verschiedensten Aspekten sichtbar geworden ist, keine klare Antwort geben; nicht nur, weil sich nicht eindeutig und dauerhaft bestimmen läßt, welche wirtschaftlichen Fernziele politisch geboten erscheinen. Selbst wenn das gelingen könnte, bedeutete dies nur, Ziele zu fixieren, deren Verwirklichung von einer Vielzahl nicht vorhersehbarer und in ihren Auswirkungen nicht berechenbarer Geschehnisse auf den verschiedensten Gebieten abhängig sein würde. Das aber macht nicht allein immer neue Entscheidungen darüber nötig, was im einzelnen zu tun ist; es änderte im weiteren Verlauf womöglich auch die Gestalt der Fernziele selbst. Hiervon wiederum blieben das Ausmaß und die Struktur der langfristig zu finanzierenden Investitionen sowie die hierbei anzuwendenden Grundsätze nicht unbeeinflußt.

Anhang

A

Über die hauptsächlichsten Ziele des ersten und zweiten Fünf-Jahresplanes, die vorgesehenen Aufwendungen sowie — für den zweiten Fünf-Jahresplan — die Finanzierungsquellen geben die nachfolgenden Übersichten, die auf Angaben der amtlichen Darstellung des Planes (Government of India, Planning Commission: Second Five Year Plan, 1956) beruhen, Aufschluß.

Verteilung der in den Fünf-Jahresplänen vorgesehenen Ausgaben nach Hauptgruppen

	Erster Fünf-Jahresplan Gesamte vorgesehene Ausgaben		Zweiter Fünf-Jahresplan Gesamte vorgesehene Ausgaben	
	in 10 Mill. Rupien a)	in Prozent	in 10 Mill. Rupien	in Prozent
I. Landwirtschaft und Gewerbe in den ländlichen Gemeinden	357	15,1	568	11,8
II. Bewässerung u. Energiewesen	661	28,1	890	18,5
III. Industrie und Bergbau	179	7,6	890	18,5
IV. Verkehrs- u. Nachrichtenwesen	557	23,6	1 385	28,9
V. Soziales (Erziehung, Gesundheitswesen, Wohnungsbau etc.)	533	22,6	945	19,7
VI. Verschiedenes	69	3,0	99	2,1
Insgesamt:	2 356	100,0	4 800	100,0

a) 1 Rupie = 0,88 DM

Beiträge der Wirtschaftsbereiche zum Nationalprodukt
(in 10 Mill. Rupien zu Preisen von 1952/53)

	1950/51	1955/56	1960/61	Prozentualer Zuwachs in der Zeit von:	
				1951/56	1956/61
1. Landwirtschaft und verwandte Wirtschaftszweige	4 450	5 230	6 170	18	18
2. Bergbau	80	95	150	19	58
3. Industrie	590	840	1 380	43	64
4. Kleingewerbe	740	840	1 085	14	30
5. Bauwirtschaft	180	220	295	22	34
6. Handel, Verkehrs- und Nachrichtenwesen	1 650	1 875	2 300	14	23
7. Freie Berufe und Dienstleistungsgewerbe sowie öffentliche Verwaltung	1 420	1 700	2 100	20	23
8. Nationalprodukt insgesamt	9 110	10 800	13 480	18	25
9. Pro-Kopf-Einkommen (in Rupien)	253	281	331	11	18

Finanzierungsquellen

	in 10 Mill. Rupien
1. Überschuß des öffentlichen Haushalts	800
a) bei geltenden Steuersätzen (1955/56)	350
b) aus zusätzlicher Besteuerung	450
2. Kapitalmarkt-Mittel	1200
a) Anleihen	700
b) Inanspruchnahme von Sparguthaben (small savings)	500
3. Andere (d. h. nicht unter 1. aufgeführte) öffentliche Mittel	400
davon Zuschuß der Bahn	150
4. Kapitalbeitrag des Auslandes	800
5. Deficit financing	1200
6. Lücke, die durch zusätzliche Maßnahmen zur Erhöhung des inländischen Kapitalbeitrages geschlossen werden soll	400
	4800

Wie nicht anders zu erwarten, sind die Ziele des Plans nicht unbestritten geblieben. So gingen und gehen die Meinungen über das rechte Verhältnis im Ausbau der Schwerindustrie und der Konsumgüterindustrien, der Großbetriebe sowie der Mittel- und Kleinbetriebe, des staatlichen und privaten Sektors, ferner das Verhältnis zwischen Zentralisierung der Industrieproduktion in den Städten oder ihre Dezentralisierung auf dem Lande, weiterhin die Ansichten über das Gewicht, das den Bemühungen um Intensivierung der Landwirtschaft zu geben ist, sowie darüber, welche Bedeutung in der bevorstehenden Phase der Verwirklichung eines Wohlfahrtsstaates zuzuerkennen ist, auseinander. Manchem Kritiker erscheinen die Ziele überhaupt zu ehrgeizig. Besonders hingewiesen sei auf *Vakil*, a.a.O., bes. S. 251 ff, S. 363; *Jain*, a.a.O., bes. S. 684 ff und *Ghosh*, a.a.O. S. 73 ff.

B

"The attraction of consumption standards of the advanced countries may exert itself unevenly in different income groups in underdeveloped areas. It may be concentrated among the upper income groups in the cities; but it need not be confirmed to them by any means. It may be diffused, though faintly, even among the lower income groups, thanks to education and mass media of communication. It may affect the demand for social legislation and industrial labour standards as well as the demand for modern luxuries. I would therefore hesitate to make any class distinctions in this connection." Allerdings hat die breite Schicht der unterversorgten indischen Bevölkerung kaum die Wahl, zunehmendes Einkommen anders als zur Verbesserung des Konsums zu verwenden. Doch ist in industriell fortgeschritteneren Wirtschaftszweigen ein relativ starker und wirksamer Druck von seiten der Arbeitnehmer und der Gewerkschaften zu bemerken mit dem Ziel, einen Zuwachs an Produktivität möglichst zugunsten von Lohnerhöhungen auszunutzen — durchaus vergleichbar der Situation in wirtschaftlich fortgeschritteneren Ländern. Soweit das in beträchtlichem Umfang gelingt, gäbe es mehr Gelegenheit zu freiwilligem Sparen als tatsächlich wahrgenommen, wenn die Einkommensverwendung unter dem Einfluß vergleichbarer Leitbilder stünde, wie sie in früheren Jahrzehnten in Europa und mehr noch in Japan gültig waren. Es ist das ein Punkt, den *P. T. Bauer* und *B. S. Yamey*, „The Economics of Underdeveloped Countries", London 1957, S. 137, bei der von ihnen vorgenommenen kritischen Würdigung der These *Nurkses* außer acht gelassen haben.

"A free and open view of the consumption standards in the West might mean a psychologically intolerable and politically ignominious contrast" (*Nurkse*, a.a.O., S. 76). Zeigt sich irgendeine Möglichkeit, insoweit dem westlichen Einfluß zu entgehen, ohne zugleich überhaupt den geistigen, politischen und wirtschaftlichen Kontakt zwischen Entwicklungsländern und industriellen Kernländern des Westens zu verringern? Es ist nicht zu erkennen, wie das geschehen könnte.

C

Inwieweit eine relativ schnelle Veränderung der Wirtschaftsstruktur mit Hilfe außerordentlicher, auf langfristiger Planung beruhender Anstrengungen nötig und nach Lage der Dinge möglich ist, ist eine gewiß in jedem Einzelfall nur schwer zu beantwortende Frage. Daß es nicht allein oder auch nur primär auf die Bereitstellung von zusätzlichem Investitionskapital ankommt, sei auch an dieser Stelle betont. Mit Recht heißt es bei *Leibenstein* ("Economic Backwardness and Economic Growth", New York, London, 1957, S. 110), daß die „cultural and institutional barrier is difficult to pierce. The shift from centuries' enforced, traditional patterns of behaviour, which may have had significant survival value in the past, is not easy to achieve. Behaviour patterns which have had such a high degree of stability in the past are unlikely to be dislodged by mild stimulants. The precise mechanism for achieving such changes does not appear to be known." Inwieweit die erforderlichen Veränderungen von der Wirtschafts- und Finanzpolitik her in Gang gebracht werden können, ist gewiß von Fall zu Fall verschieden zu beurteilen. In einem autoritären und zentralistischen Regime sieht es anders aus, als wenn den einzelnen politisch, geistig und wirtschaftlich größere Freiheit gelassen ist.

"Precisely because some value systems do not change readily, because economic development must break through the barriers of routine, prejudice, and stagnation, among which adverse attitudes towards entrepreneurship are but one important element, industrialization does not take place *until the gains which industrialization promises have become, with the passage of time, overwhelmingly large,* and the prerequisites are created for a typical spurt-like upsurge." (*Gershenkron,* „Economic Progress", Papers and Proceedings of a Round Table held by the International Economic Association, Louvain, 1955, S. 319, hier zitiert nach *Leibenstein*, a.a.O., S. 110.)

Der vorgenannten Ansicht kann nur unter dem Vorbehalt zugestimmt werden, daß die Frage, inwieweit wirtschaftliche Anreize zur Änderung der allgemeinen Verhältnisse, um erfolgreich sein zu können, einen *vorherigen* Wandel außenwirtschaftlicher Faktoren voraussetzen — und jeweils welcher — durch sie nicht beantwortet ist.

Zitiert zu werden verdient in diesem Zusammenhang die Stimme *Capet's* («Le facteur humain et les activités des pays sous-développés» — L'exemple de l'Afrique Occidentale Française, Kyklos, Vol. X, 1957. S. 444): « Les conséquences de ceci nous semblent importantes : Tout modèle des pays sous-développés qui prétend retracer l'évolution d'une dizaine d'années doit être nécessairement sociologique, même pour les secteurs modernes. D'un point de vue de Théorie économique très générale valable même pour les développés, on aperçoit le danger qu'il y à négliger les variables sociales, c'est-à-dire les supposer constantes; on ne peut pas faire de théorie générale du développement, on ne peut pas expliquer pourquoi certaines entreprises entrent ou non sur certains marchés, sont mieux adaptées que d'autres, etc. D'un point de vue pratique, il apparaît que le développement des pays retardés ne peut pas se faire par la transposition pure et simple des techniques et institutions valables dans les pays plus avancés.»

Wieviel Vorbehalte auch gegenüber der Auffassung zu machen sind, der Umbau und Ausbau der Wirtschaft eines Entwicklungslandes sei entscheidend eine Angelegenheit besonderer wirtschaftlicher Anstrengungen; in Abrede zu stellen, daß außerordentliche Bemühungen dieser Art, wenn sie auf mehr hinzielen als eine bescheidene Anpassung an die gegebenen Verhältnisse (*Röpke*, Ordo-Jahrbuch, Bd. V, S. 83, sowie „Jenseits von Angebot und Nachfrage", 1958 bes. S. 233 ff), scheitern müßten, hieße, den Wert bestimmter Vorstellungen über die rechte Wirtschafts- und Sozialordnung zu absolutieren. Das aber kann für keine Interpretation hoher Werte gestattet sein.

Die Funktionen des Kapitalimports für Entwicklungsländer

Von *Harald Jürgensen*, Saarbrücken

I. Kapitalimporte als Voraussetzung eines ausreichenden Wirtschaftswachstums

Die wirtschaftspolitischen Zielsetzungen aller Entwicklungsländer konzentrieren sich zunehmend auf die nachhaltige Steigerung des Pro-Kopf-Einkommens. Sie münden damit in eine weltweite Entwicklung ein. Die planwirtschaftlich organisierten Volkswirtschaften haben von Anbeginn an den gesellschaftlichen Fortschritt an der Wachstumsrate des Sozialprodukts gemessen[1]. In der westlichen Welt hat sich in den Industriestaaten die Rangordnung der wirtschaftspolitischen Ziele gewandelt. Wachstum trat neben Vollbeschäftigung. Dies um so mehr, als die Beeinflussung der Wirtschaft in Richtung einer hohen und stetigen Wachstumsrate beide Probleme zugleich zu lösen versprach. Während hier nunmehr Stabilisierungsprobleme in den Vordergrund rücken, deren Beherrschung mit ausreichenden Wachstumsraten vereinbar zu sein scheint, bleiben in den Entwicklungsländern bisher Stabilität oder ausreichendes Wachstum gefährdet. Die Übertragung von ausländischer Kapitaldisposition könnte die Schwierigkeiten herabsetzen. Mit den folgenden Ausführungen soll versucht werden, die unterschiedlichen Funktionen der Hauptformen des Kapitalimports für den erstrebten Zuwachs des Sozialprodukts am generellen Typ des Entwicklungslandes herauszuarbeiten.

Angesichts des in der Mehrzahl der Entwicklungsländer überdurchschnittlichen Bevölkerungszuwachses[2] erscheint es sinnvoll, das jeweils angestrebte Wirtschaftswachstum als Zuwachs des realen Sozialprodukts pro Kopf der inländischen Bevölkerung zu fassen. Die hierfür erforderliche Steigerungsrate des Netto-Sozialprodukts ergibt sich dann als Produkt des vorgegebenen Wachstumsquotienten der Bevölkerung und des postulierten Wachstumsquotienten des realen Sozialprodukts pro Kopf, wie leicht zu verifizieren ist.

---

[1] Vgl. *Paulsen*, A., Wirtschaftliche und soziale Grundprobleme stetigen Wirtschaftswachstums; in Finanz- und währungspolitische Bedingungen stetigen Wirtschaftswachstums, Schriften des Vereins für Sozialpolitik, Neue Folge, Bd 15, S. 19

[2] Der durchschnittliche Zuwachs der Weltbevölkerung beträgt jährlich etwa 1,5 v.H.; die Variationsbreite ist erheblich, einem Zuwachs von (1956) 0,42 v. H. in Österreich stehen 3,68 v.H. in Venezuela gegenüber, Vgl. Stat. Jb. f. d. Bundesrepublik Deutschland 1958, S. 19* f.

Wir definieren:

$Y = Y(t)$ als reales Netto-Sozialprodukt zu Faktorkosten

$B = B(t)$ als Anzahl der Inländer zur Zeit t

$N = N(t) = \dfrac{Y(t)}{B(t)}$ als reales Netto-Sozialprodukt je Kopf

$q = \dfrac{B_t}{B_{t-1}}$ als Wachstumsquotienten der Bevölkerung, der als konstant vorausgesetzt wird[3]

$r = \dfrac{N_t}{N_{t-1}}$ als Wachstumsquotienten des pro-Kopf-Einkommens, der zum wirtschaftspolitischen Ziel erhoben wird

und erhalten nach Umstellung:

(1) $N_t = r \cdot N_{t-1}$ oder

(2) $\dfrac{Y_t}{B_t} = r \cdot \dfrac{Y_{t-1}}{B_{t-1}}$ daraus

(3) $Y_t = r \cdot \dfrac{B_t}{B_{t-1}} \cdot Y_{t-1}$, also

(4) $Y_t = r \cdot q \cdot Y_{t-1}$, und für beliebige Zeiträume, z. B. Fünfjahrespläne

(5) $Y_t = r^n \cdot q^n \cdot Y_{t-n}$

Setzen wir nunmehr in Übereinstimmung mit der wirtschaftspolitischen Zielsetzung einiger Entwicklungsländer r = 1,02, also den jährlichen Zuwachs des Sozialprodukts pro Kopf mit 2 v.H. an[4]. Auch die Berechnungen der UNO über den jährlichen Kapitalbedarf der Entwicklungsländer sind auf die Voraussetzung dieses Einkommenszuwachses abgestellt[5]. Für den Wachstumsquotienten der Bevölkerung werden als eingrenzende Zahlenbeispiele die Werte für Indien (1954) mit q = 1,0125 und Venezuela (1956) mit q* = 1,0368 benutzt[6]. Es ergibt sich durch Einsetzen dieser Werte in (4):

(4a) $Y_t = 1{,}02 \cdot 1{,}0125 \cdot Y_{t-1} = 1{,}0327\ Y_{t-1}$

(4b) $Y^*_t = 1{,}02 \cdot 1{,}0368 \cdot Y^*_{t-1} = 1{,}0575\ Y^*_{t-1}$,

---

[3] Der Bevölkerungszuwachs ist in den Statistiken als Geburtenüberschuß pro 1000 der mittleren Einwohnerzahl des lfd. Jahres definiert. Wir verwenden stattdessen das Verhältnis der mittleren Einwohnerzahlen je zweier folgender Jahre, also den Wachstumsquotienten

$q = (1 + \dfrac{p}{100})$, der für die beschränkten Zeiträume von Entwicklungsplänen durchaus als Konstante angesetzt werden kann.

[4] Vgl. dazu die Voraussetzungen in: Population Growth and the Standard of Living in Under-Developed Countries, UN, New York 1954, S. 6, wo für 1 v. H. Bevölkerungszuwachs eine Investitionsquote von 2—5 v. H. des Sozialprodukts für die Aufrechterhaltung des pro-Kopf-Einkommens abgeleitet wird (Investitionsquote (netto) = Bevölkerungszuwachs x marginalem Kapitalkoeffizienten)

[5] Vgl. UN Department of Economic Affairs: Measures for Economic Development of Underdeveloped Countries, New York, May 1951, S. 75 f.

[6] Der Geburtenüberschuß hat in allen Entwicklungsländern in der Nachkriegszeit gegenüber 1938 erheblich zugenommen, z. T. auf das Doppelte. So betrug er je 1000 Einwohner 1956 (1938) in: Ägypten (= 1953) 21,6 (16,9): Argentinien 15,6 (11,9); Bolivien (= 1955) 19,2 (16,7); Chile 23,5 (8,6); Ceylon 26,6 (14,8); Indien (1954) 12,5 (9,6); Kolumbien 28,3 (14,9); Venezuela 36,8 (15,4), gegenüber England und Wales 3,9 (3,5).

Quelle: Statistisches Jahrbuch für die Bundesrepublik Deutschland 1958, S. 20*.

daß das Sozialprodukt je nach der Höhe des Bevölkerungszuwachses zwischen 3,3 und 5,8 v.H. jährlich steigen muß, wenn das postulierte Wachstum von 2 v.H. pro Kopf erreicht werden soll. In einer entwickelten Volkswirtschaft mit geringerem Bevölkerungszuwachs, z. B. Österreich mit r = 1,0042, würden die genannten Zuwachsraten des Sozialprodukts an Stelle von 2 v.H. eine Steigerung des Pro-Kopf-Einkommens auf jährlich fast 3 v.H. im ersten bzw. über 5 v.H. im zweiten Fall erlauben[7].

Das erforderliche Wachstum des Sozialprodukts setzt eine entsprechende Entwicklung der es bestimmenden Faktoren Arbeit und Realkapital voraus. Angesichts der notwendigerweise langfristigeren Betrachtung sind auch die Veränderungen des technischen Fortschrittes[8] und — für die meisten Entwicklungsländer — die des unternehmerischen management, der Verwaltungsleistung u. ä. als eine Art organisatorischer Fortschritt einzubeziehen, sofern man diese mangels ausreichender Quantifizierbarkeit nicht einfach unter die Arbeitsproduktivität subsumiert.

Unter Berücksichtigung des ständig steigenden Arbeitspotentials liegt der Engpaß für die erforderliche Wachstumsrate des Sozialprodukts in der Aufstockung des Erzeugersachkapitals. Für die Entwicklungsländer erscheint es daher zweckmäßig, den erwünschten Zuwachs des Sozialprodukts auf den dafür erforderlichen zusätzlichen Einsatz an Sachkapital zu beziehen, also den marginalen Kapitalkoeffizienten in unsere Überlegungen einzuführen. Wird aus dem Verhältnis von Netto-Investitionen und zugehörigen Wertschöpfungen der p Unternehmen eines Wirtschaftszweiges der marginale Kapitalkoffizient als:

$$\beta k = \frac{\sum_{i=1}^{p} I_i}{\sum_{i=1}^{p} W_i}$$

empirisch ermittelt und ist dieser Durchschnitt einigermaßen unabhängig von Gewichtsverschiebungen der Nettoinvestitionen innerhalb der k Wirtschaftszweige, so ergibt sich der marginale Gesamtkoeffizient als gewogenes Mittel

$$\beta = \frac{\sum_{k=1}^{n} \beta_k \cdot g}{\sum_{k=1}^{n} g_k}$$

---

[7] Die genauen Werte lauten 2,84 bzw. 5,31 v. H.
[8] Auf die statistischen Schwierigkeiten einer Quantifizierung des technischen Fortschrittes hat auch *Bombach* nachdrücklich hingewiesen. Vgl. *Bombach, G.*, Quantitative und monetäre Aspekte des Wirtschaftswachstums; in Finanz- und währungspolitische Bedingungen stetigen Wirtschaftswachstums, a.a.O., 184 ff

entsprechend der Zielsetzung über die Ausdehnung der Einzelbereiche[9]. Die oben als erforderlich abgeleitete Zuwachsrate des Sozialproduktes (4a) (4b) kann über verschiedene Kombinationen der bei bestimmter Nettoinvestition gegebenen Zuwachsraten in den einzelnen Wirtschaftsbereichen bzw. -zweigen angestrebt werden. Entsprechend ändert sich über β die dafür notwendige Investitionsrate. Projektieren wir einen Erfahrungswert für β, der der gewünschten Einzelentwicklung voraussichtlich entspricht, so ergibt sich die Höhe der erforderlichen gesamtwirtschaftlichen Nettoinvestition (I) ausgedrückt als Prozentsatz des Ausgangseinkommens (Y_{t-1}) als:

(6) $\quad I = \beta \cdot [Y_t - Y_{t-1}]$,

oder durch Einsetzen von (4) für Y_t

(7) $\quad I = \beta \cdot [(r \cdot q) - 1] \cdot Y_{t-1}$

Wir setzen β für unser Beispiel etwas niedriger als in hochentwickelten Industrieländern mit 2—3 an[10], was wegen des zunächst noch hohen Anteils der Landwirtschaft an dem geplanten Wirtschaftswachstum und deren verhältnismäßig niedrigen marginalen Kapitalkoeffizienten angesichts des unausgenutzten Arbeitskräftepotentials wohl berechtigt ist. Unter dieser Voraussetzung müßten die Entwicklungsländer je nach dem Umfang ihres Bevölkerungszuwachses (Werte aus 4a, b)

(7a) $\quad I = 3 \cdot 0{,}0327\ Y_{t-1} = 0{,}0891\ Y_{t-1};$ für $\beta = 2$ $\quad I = 0{,}065\ Y_{t-1}$
(7b) $\quad I^* = 3 \cdot 0{,}0575\ Y_{t-1} = 0{,}1725\ Y_{t-1};$ $\quad I^* = 0{,}115\ Y_{t-1}$

10—17 bzw. 7—12 v.H. ihres laufenden Sozialprodukts netto investieren. Wären die Zuwachsraten der Bevölkerung in den als Beispiel angeführten Ländern[11] gegenüber der Vorkriegszeit unverändert geblieben, würde die gleiche Zielsetzung bei einem Kapitalkoeffizienten von 3 bereits mit 8,8 bzw. 10,7 v.H. des Sozialprodukts zu verwirklichen sein.[11] Am Durchschnitt der Industrieländer gemessen, deren Nettoinvestitionen zwischen 10 bis 15 v.H. ihres Netto-Sozialprodukts zu Faktorkosten betragen, erscheint die Zielsetzung außerordentlich hoch gesteckt.

Das entscheidende Hindernis für eine so hohe Investitionsrate der Entwicklungsländer liegt in ihrer niedrigen Sparquote (um 5 v.H.)[12] und in

---

[9] Eine kritische Durchsicht der Entwicklungspläne durch den Bremer Ausschuß für Wirtschaftsforschung (Dr. Alfred *Jacobs*) ergab, daß gegenwärtig für mehr als 80 Länder Pläne oder Programme für das Wirtschaftswachstum bestehen; davon sind etwa zwei Drittel umfassend. Nach dem bisherigen Grad ihres Fortschritts liefen zwei Fünftel etwa programmgerecht, zwei Fünftel wiesen Teilerfolge auf (über 50 v. H.); (Unveröffentlichtes Manuskript)

[10] *Aukrust* gibt in einer Übersicht die marginalen Kapitalkoeffizienten für einige Entwicklungsländer wie folgt an: Mexiko (1940—50) 2,1 British Guinea (1943—51) 3,5; Ceylon (1953—59) 4,0; zitiert nach *Bombach*, G., a.a.O., S. 178.

[11] In Indien stieg die Meßziffer der Zuwachsrate auf 130, in Venezuela auf fast 240 von 1938: s. auch Anm. 2, S. 54

[12] Das potentielle Kapitalaufkommen der Entwicklungsländer ist zwar ebenso wie in hochentwickelten Ländern nicht durch die freiwillige Ersparnis bestimmt, aber die Grenzen für die Kapitalbildung über Preis und Steuer sind durch vielfache Engpässe wohl enger abgesteckt. Vgl. dazu die Ausführungen von *Meimberg* im gleichen Heft.

der zusätzlichen Beschränkung, die vorhandene Kapitaldisposition in entsprechender Auslandswährung bereitzustellen. Das Domar-Harrodsche Wachstumsmodell enthält als Bedingung für den Gleichgewichtspfad des Wachstums des realen Sozialprodukts bei Einführung der freiwilligen Ersparnis S (Netto):

$$(8) \quad (Y - Y_{t-1}) = \frac{S}{\beta}$$

Nun hat Bombach mit Recht darauf aufmerksam gemacht, daß in der Nachkriegsentwicklung der Industriestaaten die Wachstumsrate des realen Sozialprodukts durch die von den Unternehmern und vom Staat durchgeführten Investitionen und vom Kapitalkoeffizienten bestimmt wurde und gänzlich unabhängig von der Höhe der *freiwilligen* Ersparnis war, die nur über das Ausmaß der Inflation und über die Einkommensverteilung entschied[13]. Bombach folgert daraus, daß diese Wachstumstheorie nur wenig für die Erklärung des historischen Wachstumsprozesses zu leisten vermag.

Für die besondere Datenkonstellation der Entwicklungsländer sind nun die Voraussetzungen des Modells vielleicht eher gegeben; prüfen wir, was es für diese Problemstellung zu leisten vermag. Dazu kehren wir noch einmal zur Gleichung (8) zurück und schreiben

$$(9) \quad \Delta Y = \frac{I}{\beta} \qquad (\Delta Y = Y_t - Y_{t-1})$$

Wie weit besteht nun ein Zusammenhang zwischen der Höhe der freiwilligen Ersparnis und der Nettoinvestition, deren erforderliches Ausmaß nach (7) und (4) bestimmt ist. Mangels Eigenproduktion muß ein erheblicher Teil der Anlagegüter aus dem Ausland importiert werden. Dieser Import erfordert eine entsprechende Kapitaldisposition und zusätzlich die notwendige Devisendisposition. Setzen wir wieder die Investition als autonome Größe voraus und nehmen wir an, daß die hierfür verfügbare Devisenmenge durch geeignete staatliche Eingriffe in den laufenden Außenhandel bereits maximiert worden ist. Unterschreitet diese Menge die notwendigen Anlageeinfuhren, so ist die Verwirklichung der erforderlichen Investitionsquote auf Kapitalimport = Auslandsersparnisse angewiesen. Diese Ersparnisse sind — aus der Sicht des Entwicklunglandes — in der Regel freiwillig und bestimmen also bei gegebenem Investitionsvolumen dessen Realisierbarkeit und damit den Gleichgewichtspfad des erstrebten Wachstums.

Nehmen wir als Beispiel den zweiten indischen Fünf-Jahresplan[14]. Bei Gesamtinvestitionen in Höhe von 48 Mrd. Rupien[15] wird eine Steigerung des Sozialprodukts von rd. 108 auf 135 Mrd. Rupien gleich 25 v.H. des

---
[13] Vgl. *Bombach*, G., a.a.O., S. 214.
[14] Vgl. dazu Anlage A des Beitrages von *Meimberg*, R., auf S. 47 ff.
[15] Inzwischen auf 45 Mrd. Rupien gekürzt

Ausgangseinkommens angestrebt. Der durchschnittliche Kapitalkoeffizient errechnet sich mit $\beta = \dfrac{48}{27} \approx 1{,}8$. Unter Benutzung der Angaben von Meimberg[16] errechnen sich die einzelnen Koeffizienten wie folgt:

Tabelle 1:
Berechnung der marginalen Kapitalkoeffizienten in drei ausgewählten Wirtschaftsbereichen für den zweiten indischen Fünfjahresplan.

Aufgegliederte Bereiche	Mrd. Rupien		a : b
	gesamte vorgesehene Investitionen (a)	erwarteter Zuwachs der Wertschöpfung (b)	βk
Landwirtschaftliche Kleinbetriebe	10,20	11,85	0,86
Bergbau und Industrie	13,50	5,95	2,27
Handels-, Verkehrs- und Nachrichtenwesen	13,85	4,25	3,26

1) Die gemeinsam aufgeführten Investitionsausgaben für Bewässerung und Energiewesen wurden zu gleichen Teilen der Landwirtschaft und Industrie zugerechnet.

Bei der Finanzierung der Gesamtinvestitionen war der Außenbeitrag zunächst mit nur 12,5 v.H. angesetzt (8 Mrd. Rupien)[17]. Berücksichtigen wir jedoch, daß nach (7) die Aufrechterhaltung des Pro-Kopf-Einkommens (r = 1) bei gegebenem Bevölkerungszuwachs (q = 1,0125⁵) nach (5) bereits eine Investition[18] von

(10) $\quad I_5 = \beta \cdot (q^5-1) \cdot Y_{t-5}$

erfordert, und für unser Beispiel

$\quad I = 1{,}8 \cdot 0{,}07 \cdot 108 \approx 13{,}6$

ungefähr 13,6 Mrd. Rupien beträgt. Von den verbleibenden — für die Steigerung des pro-Kopf-Einkommens erforderlichen — Investitionsausgaben von 34,4 Mrd. Rupien waren also bereits 23 v. H. durch das eingeplante Auslandskapital ermöglicht.

---

[16] Tab. 2, Anhang A, S. 48

[17] Vgl. *Meimberg, R.*, Anhang A, Tab. 3. Bis zur Konferenz in Neu-Delhi (Herbst 1958) hatte das gesamte Ausland (einschl. UdSSR) mit etwa 1,7 Mrd. $ = rd. 8 Mrd. Rupien zum zweiten Fünfjahresplan beigetragen. Bis zum März 1959 wird Indien auf Grund der Beschlüsse der Washingtoner Gläubigerkonferenz weitere 350 Mill. $ erhalten (Großbritannien 108, USA 75, Bundesrepublik 40, Kanada 17, Japan 10, Weltbank 100)

[18] Unter Berücksichtigung der betrachteten Periode von 5 Jahren beträgt der Bevölkerungsquotient $q^5 = (1{,}0125)^5$ (bei Konstanz d. jährl. Zuwachsrate innerhalb dieses Zielabschnittes)

Die Funktionen des Kapitalimports für Entwicklungsländer

Das Ausmaß des Fortschritts in den Entwicklungsländern wird demnach entscheidend vom Umfang der Kapitalimporte bestimmt, auch wenn sie gegenwärtig wahrscheinlich 1 v.H. des Volkseinkommens dieser Länder nicht erreichen[19]. Dennoch ist die Differenz zwischen der bisherigen Sparquote und der für den erstrebten Zuwachs erforderlichen viel zu hoch, als daß sie auch nur annähernd durch zusätzlichen Kapitalimport gedeckt werden könnte. Einen Hinweis auf die absolute Höhe der Beiträge gibt die ECE, wenn sie schreibt: "An impression of the distribution of economic assistance given to primary exporting countries in the form of grants and long-term loans by other countries and international agencies can be obtained from the figures below[20]:

Tab. 2: Verteilung der Wirtschaftshilfe an Entwicklungsländer in Form von Zuschüssen und langfristigen Krediten:

Länder mit Hauptexport in:	Jahresraten (Mill $)	pro Kopf ($)
Nahrungsmitteln	267	1,1
Agrarischen Rohstoffen	437	0,7
Erzen	361	4,4
Erdöl	68	1,7

Nun bieten aber die Entwicklungsländer selbst durch hohe Bodenpacht (bis zu 50 v.H. des Jahresertrages) und erhebliche Renten (Konsumzins durchschnittlich 20—50 v.H.[21]) vielfach die Voraussetzung für größere Kapitaldisposition *ohne* zusätzliche Konsumeinschränkung der breiten Masse. Bei der gegenwärtig noch vielfach volkswirtschaftlich unproduktiven Verwendung dieser Beiträge[22] — z. T. sogar in Form von Gold und ausländischen Effektenanlagen als *Kapitalexport* — erscheint die Schließung der Lücke zwischen freiwilliger Ersparnis, möglichem Kapitalimport und notwendiger Gesamtersparnis durch eine Umlenkung dieser Beträge durchaus möglich. Wie Lewis belegt, wird ein solcher Übergang durch die Zunahme des Unternehmungsgewinns am Volkseinkommen entscheidend gefördert[23]. Auch hierzu könnte der Kapitalimport einen Beitrag leisten.

---

[19] So äußerte der Gouverneur der Reserve Bank of India, H. V. R. *Jengar*, auf dem 12. Meeting der Weltbank im September 1957, daß das Schrittmaß des Fortschritts ohne kräftige Auslandshilfe schmerzlich langsam sei; das Ausmaß der notwendigen Hilfe werde unterschätzt. Vgl. I. M. F. Current Problems Of Credit And Fiscal Policy, An Informal Discussion, Washington, Sept. 1957, S. 7. ff.
[20] Quelle: Economic Survey of Europe 1957, UN, Genf 1958, Chapter V, S. 25.
[21] Vgl. *Tun-Wai*, U., Interest Rates Outside The Organized Money Markets Of Underdeveloped Countries, in I.M.F. Staff Papers, Vol. VI, No 1, S. 130 f.
[22] Anlage in Boden und bebauten (städtischen) Grundstücken, Goldhortung u. ä.

Fassen wir unsere bisherigen Ableitungen zusammen, so könnten Kapitalimporte wichtige Funktionen im Hinblick auf das angestrebte Wirtschaftswachstum übernehmen, wenn sie folgenden Bedingungen genügen:

(1) Die inländische Verfügbarkeit an Kapitaldisposition muß zunehmen und in ausreichendem Umfang konvertierbar sein.

(2) Das Netto-Sozialprodukt zu Faktorkosten muß entsprechend ansteigen (Produktive Anlage im engeren und weiteren Sinne).

(3) Die Kapazitätseffekte aller Investitionen zusammengenommen müssen während ihrer Laufzeit die Leistungsbilanz so beeinflussen, daß diese dem Importgehalt des zusätzlichen Einkommens und den anlaufenden Zins- und Transfer-Verpflichtungen gerecht werden kann.

II. Die verschiedenen Arten des Kapitalimports

Ausgangspunkt unserer Betrachtung sei ein Entwicklungsland, in dem die Knappheit an Kapitaldisposition die Wachstumsrate des Sozialprodukts unterhalb der erforderlichen[24] Zuwachsrate limitiert. Gegenstand unserer Fragestellung bilden die Aufgaben, die den verschiedenen Arten des Kapitalimports bei der Erweiterung dieser Grenze zukommen. Unter Kapitalimport wollen wir dabei jede Übertragung von ausländischen Dispositionsrechten über Güter und Leistungen an das Inland oder an Inländer verstehen. Als Kriterien dienen der Grad der Dispositionsfreiheit sowie der Einkommenszuwachs, den der jeweilige Kapitalimport bei gegebener zusätzlicher Kapitaldisposition dem Empfangsland verschafft. Dabei wird unterstellt, daß mit größerer Dispositionsfreiheit der Einsatz der zusätzlichen Kapitaldispositionen sich nach volkswirtschaftlichen Erwägungen verbessert und der resultierende Einkommenszuwachs steigt.

Unter diesen Gesichtspunkten erscheint es zweckmäßig, den Kapitalimport in Entwicklungsländer nach den folgenden Funktionen zu gliedern:

(1) *Auslandsbezogene Direktinvestitionen.* Sie richten sich vor allem auf die Gewinnung und Aufbereitung von Bodenschätzen und sind durch die Nachfrageentwicklung der hochindustrialisierten Länder verursacht, deren Zuwachsrate immer neue Fundorte in die ökonomische Reife der Ausbeutung führt. Ort, Art und Umfang dieser Investitionen können nur nach Maßgabe der voraussichtlichen Abbauwürdigkeit und immer in den Grenzen der potentiellen Auslandsnachfrage vom Empfangsland beeinflußt werden.

---

[23] *Lewis*, W. A., Die Theorie des wirtschaflichen Wachstums, übersetzt von H. v. *Beckerath*, Tübingen 1956, S. 251.

[24] Als unterste Grenze der „erforderlichen Zuwachsrate" hätte die Aufrechterhaltung des bisherigen Pro-Kopf-Einkommens bei gegebenem Bevölkerungszuwachs zu gelten.

(2) *Inlandsbezogene Direktinvestitionen.* Sie werden durch die Nachfrage des Entwicklungslandes selbst verursacht und umfassen die große Gruppe der Verkaufs- und Produktionsniederlassungen. Die Einflußmöglichkeiten sind für diese Investitionen weiter gezogen, da neben der Schaffung günstiger Investitionsvoraussetzungen auf die Nachfrageentwicklung eingewirkt werden kann. Die Auswirkungen sind allerdings wesentlich komplizierter als bei Schutzzöllen für inländische Industrien.

(3) *Kapitalimport über Lieferantenkredit.* Voraussetzung hierfür ist, daß die Gegenposition aus Investitionsgütern besteht — oder inländische Produktionsfaktoren für die Investitionsgüterproduktion freigestellt werden und der Zeitraum des handelsüblichen Herstellungs- und Verschiffungskredits dabei überschritten wird. Sofern in allen für den Einkauf der betreffenden Investitionsgüter in Frage kommenden Lieferländern die gleichen Möglichkeiten und Bedingungen für den Lieferantenkredit vorgegeben sind, erhält das Kapitalimportland im Rahmen seiner Verschuldungsgrenze weitgehende Dispositionsfreiheit über den Kapitalimport. Zum Lieferantenkredit rechnen wir ihrer Funktion entsprechend auch die Kredite der Export-Import-Bank der USA und die langfristigen Kompensationsabkommen der UdSSR, soweit sie nicht in die nächste Gruppe fallen.

(4) *Kapitalimport als Projekt-Kredit.* Hierunter sollen Anleihen zusammengefaßt werden, die auf die Finanzierung bestimmter Entwicklungsvorhaben abstellen und in der Verwendung auf das Projekt beschränkt sind, also etwa Anleihen der Weltbank oder der International Finance Corporation. Gegenüber den Lieferantenkrediten ist ihre Dispositionsfreiheit in der Zeit größer, in der Sache meist geringer, was bei den objektiven Zuteilungsmaßstäben der Weltbank nicht immer ein Nachteil zu sein braucht.

(5) *Kapitalimport als freier Kredit.* Diese klassische Art des Kapitalimports durch Begebung langfristiger Anleihen durch das Entwicklungsland mit völliger Dispositionsfreiheit über das Aufkommen wird nur der Vollständigkeit halber aufgeführt. Größere Bedeutung kommt ihr in der Gegenwart noch nicht wieder zu[25].

III. Die Leistungsfähigkeit auslandsbezogener Direktinvestitionen

In der Zusammensetzung der Kapitalimporte haben sich gegenüber der Zeit vor der Weltwirtschaftskrise die Gewichte entscheidend verlagert. Weitaus vorherrschend sind die *Direktinvestitionen* geworden, die sich hinsichtlich ihrer ökonomischen Verursachung, Herkunft und Richtung in wenigen Gruppen zusammendrängen. So wurden von 20 Mrd. $ privater Auslandsinvestitionen, die zwischen 1945 und 1957

---

[25] Vgl. dazu UN, Processes and Problems of Industrialisation in Under-Developed Countries, New York 1955, S. 81 ff.

von den USA ausgingen, drei Viertel direkt vorgenommen, also in Form von Unternehmungs- und Filialgründungen, Erweiterungen und Beteiligungen. Die Kapitalströme konzentrierten sich regional vor allem auf Kanada und Südamerika, produktionsmäßig auf die Erschließung und Aufbereitung von Bodenschätzen, und zwar überwiegend Erdöl und Erze [26].

Dieses Beispiel belegt bereits die begrenzte Leistungsfähigkeit auslandsbezogener Direktinvestitionen für das abgestimmte Wirtschaftswachstum eines Entwicklungslandes. Zwar tritt die Direktinvestition ohne Beanspruchung von Inlandsersparnis und Devisenbestand neben die Inlandsinvestitionen und vergrößert insoweit die Investitionsquote, aber die laufende Wertschöpfung erhöht nur zum Teil das Einkommen der Inländer. Streng genommen handelt es sich bei dieser Art des Kapitalimports nur um eine Kreditbeziehung zwischen ausländischen Investoren und Inland, nicht Inländern. So geht die Wertschöpfung der Direktinvestition zwar voll in das Netto-Inlands-Produkt zu Faktorkosten ein [27]. Ihr meist größerer Teil dient aber zur Abgeltung des ausländischen Beitrags, also der Arbeits- und Kapitaleinkommen der beteiligten Investoren, und nur der verbleibende Bruchteil [28] erhöht das Netto-Sozial-Produkt, dessen nachhaltige Steigerung den Ausgangspunkt unserer Überlegungen bildete. So betrug das „Net investment income" als Prozentsatz des „Net geographical product at factor costs" (Netto-*Inlands*produkte zu Faktorkosten) 1949 in Nordrhodesien 27 v. H., Venezuela 17 v. H., Iran 13 v. H.[29]. Die in der angeführten Quelle vermerkte Einschränkung der General Note: „In the majority of cases, investment income excludes re-invested earnings" trifft für die von uns ausgewählten Beispiele ganz zu, d. h. der Unterschied zwischen Inlands- und

---

[26] Nach einer Feststellung des US Department of Commerce stammten 1952 von den Importen an 19 verschiedenen Rohstoffen in die USA dem Wert nach über die Hälfte aus amerikanisch kontrollierten Tochterunternehmen im Ausland. Zitiert nach *Guth*, W., Der Kapitalexport in unterentwickelte Länder, Tübingen 1957, S. 36 f.

[27] Die in allen produzierenden Institutionen der Volkswirtschaft entstehenden Erwerbs- und Vermögenseinkommen (= Wertschöpfung) bilden in ihrer Summe das Nettoinlandsprodukt zu Faktorkosten der jeweils betrachteten Periode. Der Saldo der zwischen in- und ausländischen Wirtschafts s u b - j e k t e n fließenden Erwerbs- und Vermögenseinkommen (Lohn, Zins, Gewinn) grenzt die wirtschaftliche Aktivität des „Inlandes" gegen die der „Inländer" ab. Es ist definiert: Nettoinlandsprodukt zu Faktorkosten + Saldo der Erwerbs- und Vermögenseinkommen zwischen In- und Ausland = Volkseinkommen. Vgl. *Bartels*, H., *Raabe*, K. H. und *Spilker*, H. Die Verteilung des Volkseinkommens in der Bundesrepublik Deutschland, in: Wirtschaft und Statistik, 10. Jg. N. F., Heft 3, 1958, S. 135.

[28] Soweit die laufende Wertschöpfung einer Direktinvestition als Faktoreinkommen (Löhne, Mieten, Pachten, Royalities) inländischen Wirtschaftssubjekten zufließt.

[29] Vgl. UN, Department of Economic Affairs, National Income and its Distribution in Under-Developed Countries, New York 1951, Tab. 6, S. 10.

Sozialprodukt geht noch über die mitgeteilten Prozentsätze hinaus. In der Regel übersteigt der Abschlag vom Inlandsprodukt allerdings nicht 5 v. H. Um diesen Anteil bleibt also das Sozialprodukt hinter dem Inlandsprodukt zurück. Natürlich wäre es ohne Direktinvestitionen noch niedriger, nur interessiert hier das Verhältnis der Beiträge der einzelnen Arten von Kapitalimport zum inländischen Sozialprodukt mehr als der absolute Beitrag selbst.

Angesichts der Höhe der üblichen Gewinne und der zumeist an den Auslandsbedingungen ausgerichteten Faktorproportion muß der marginale Kapitalkoeffizient[30] für die auf Auslandsnachfrage bezogenen Direktinvestitionen erheblich höher als für eine vergleichbare Investition auf inländischer Kapitalbasis angesetzt werden. Unterschiede entstehen schon durch differierende Gewinnverteilung in den Konzessionsverträgen. Nehmen wir zum Beispiel an, daß in einem Entwicklungsland zwei Ölkonzessionen vergeben sind, die bei gleichem Kapitaleinsatz und gleicher Faktorproportion zu gleichen Fördermengen führen. Ist nunmehr bei gegebenem Weltmarktpreis die Gewinnverteilung zwischen Inland und Investor für das Kapitalimportland im ersten Fall auf 50 : 50, im zweiten Fall auf 75 : 25 ausgehandelt, so liegt der marginale Kapitalkoeffizient — bezogen auf die Auswirkung auf das inländische Sozialprodukt — im zweiten Fall entsprechend niedriger. Die absolute Höhe des Gewinns, etwa infolge einer monopolistischen Absatzstellung auf dem Weltmarkt, beeinflußt bei gegebener Gewinnverteilung den Kapitalkoeffizienten in gleicher Richtung.

Dem Nachteil des generell höheren Kapitalkoeffizienten der Direktinvestitionen steht eine Reihe von beachtlichen Vorteilen gegenüber. Generell leistet jede Direktinvestition einen laufenden Beitrag zum Sozialprodukt, der in der Regel kleiner ist als bei freier inländischer Verwendung eines gleich hohen Kapitalimports, dafür aber auch die Verschuldungsgrenze einer Volkswirtschaft nicht beeinflußt. Der dem Inland zukommende Teil der Wertschöpfung sowie unter Umständen ein Teil der im Produktionsprozeß verbrauchten Vorleistungen[31] fällt indirekt oder direkt in Devisen an[32]. Abzüglich der aus dem zusätzlichen Einkommen resultierenden Importnachfrage erhöht sich die Fähigkeit

---

[30] Hier abweichend von der üblichen Form für die Unternehmung definiert als das Verhältnis von $\rightarrow \dfrac{\text{zusätzlicher Kapitaleinsatz}}{\text{Inländeranteil a. d. Wertschöpfung}}$ für die gesamte Volkswirtschaft als das Verhältnis von $\rightarrow \dfrac{\text{Netto-Investition}}{\text{Volkseinkommenszuwachs}}$

[31] Umfaßt den Einsatz von Roh- und Betriebsstoffen sowie Transportleistungen u. ä.

[32] Die Bruttoumsätze der auslandsbezogenen Direktinvestitionen fallen ex definitione in Devisen an. Soweit inländische Vorleistungen und Faktoreinkommen in inländischer Währung zu zahlen sind, erhält die Zentralbank in gleichem Umfang Devisen.

des Entwicklungslandes, inländische Kapitaldisposition zur Nachfrage nach ausländischen Kapitalgütern verwenden zu können.

Die von Guth als Vorteil der Direktinvestition herausgestellte Flexibilität des Erträgnistransfers entspricht u. E. allerdings nur dem Tatbestand, daß Direktinvestitionen keine Ansprüche an das inländische Sozialprodukt, sondern nur auf einen Teil der jeweiligen Wertschöpfung der Investition schaffen[33]. Sinkt infolge einer Rezession die Wertschöpfung der Investition, so verringert sich über den Gewinn auch der Beitrag zum ausländischen Volkseinkommen. Ein inländischer Schuldner für diesen Gewinn existiert ja nicht. Transferschwierigkeiten für den Gewinn können sich ohnehin nur bei inlandsbezogenen Direktinvestitionen einstellen, in der hier behandelten Gruppe fällt der gesamte Bruttoumsatz in Devisen an, so daß jeder Posten der Aufwandsseite transferierbar ist. Entsprechend bereitet auch die devisenmäßige Bedienung einer hohen Importquote der aus der Wertschöpfung ausgeschütteten Inlandseinkommen keine Schwierigkeiten.

Soweit schon vorhandene auslandsbezogene Direktanlagen aus einbehaltenen Gewinnen investieren, handelt es sich um Kapitalimport, der gleichfalls die inländische Nettoinvestition und die verfügbare Kapitaldisposition erhöht. Die Auswirkung auf das Sozialprodukt unterliegt wiederum den oben gemachten Einschränkungen. Die vielfach erhobenen Einwände gegen ungebührliche Gewinnmargen können bei den auslandsbezogenen Direktinvestitionen allenfalls von den Abnehmerländern erhoben werden. Dem Entwicklungsland nützen sie direkt und indirekt. Direkt durch die bei starrer Beteiligung am Gewinn mit diesem zunehmende absolute Einnahme, indirekt durch die erhöhte Investitionsquote. Bei genauer Betrachtung kommt man zu dem Ergebnis, daß auslandsbezogene Direktinvestitionen bei einem ausreichenden Grad von Marktbeherrschung die Einkommensverteilung zugunsten der Investoren und des Entwicklungslandes verändern, wobei die Belastung durchaus ganz oder überwiegend beim Heimatland der Investoren liegen kann. So beziehen die USA etwa 20 v.H. ihrer Gesamtimporte aus den überseeischen Investitionen[34].

Der Nachteil der auslandsbezogenen Direktinvestitionen und damit eines entscheidenden Anteils der gegenwärtigen Kapitaleinfuhr liegt in ihrer Unabhängigkeit von den Bedürfnissen der Entwicklungsländer. Die unbestreitbaren Vorteile der Direktinvestitionen streuen und ballen

---

[33] Vgl. *Guth*, W., a.a.O., S. 38.

[34] Von dem Gesamtbetrag der von US-amerikanischen Investoren durchgeführten ausländischen Direktinvestitionen (inlands- und auslandsbezogene zusammengefaßt) in Höhe von 8,2 Mrd. $ entfielen etwa drei Viertel auf Reinvestion von Gewinnen. Zitiert nach *Guth*, W., a.a.O., S. 34.

sich mit der Verteilung der abbauwürdigen Rohstoffvorkommen[35]. Angesichts einer auf den Fortschritt aller Entwicklungsländer abgestellten Verteilung der Kapitalimporte lassen die auslandsbezogenen Direktinvestitionen vielfältige Lücken. Schon deshalb bedeutet die Schwergewichtsverlagerung von den Effektenkrediten zu den Direktinvestitionen eine weltwirtschaftlich gesehen verschlechterte Kapitalversorgung der Entwicklungsländer.

IV. Der Beitrag inlandsbezogener Direktinvestitionen

Kapitalimport im Sinne unserer Analyse muß zusätzliche Dispositionsmöglichkeiten über ausländische Güter und Leistungen an ein Entwicklungsland übertragen und notwendige Voraussetzung für eine angemessene Wachstumsrate sein. Die in der Zahlungsbilanz verwendeten Kriterien für den Begriff des Kapitalimports sind also nicht hinreichend. In der Gruppe der *inlandsbezogenen Direktinvestitionen* finden sich hinsichtlich dieser Zielsetzung heterogene Kapitalimporte. Eine getrennte Abhandlung der Produktions- und Verkaufsniederlassungen kann die Analyse erleichtern.

Die *Produktionsniederlassungen* orientieren sich überwiegend an der Entwicklung der inländischen Nachfrage ihres Standortes, bei Entwicklungsländern ist es die Regel[36]. Soweit diese Investitionen unter Zoll- oder Kontingentschutz errichtet werden, greifen sie der unter Voraussetzung eines ständigen Wirtschaftswachstums erwarteten Entwicklung in den meisten Fällen nur vor[37]. In extremer Form von der weltwirtschaftlichen Arbeitsteilung abweichende Produktionen kommen nicht auf dem Wege privater ausländischer Produktionsniederlassungen ins Land. Ohnedies bleibt das Unsicherheitsmoment inlandsbezogener Direktinvestitionen erheblich, da in die ex-ante-Vorstellungen über Absatz- und Kostenstruktur noch ungenauere Werte eingehen, als dies in den Investorländern der Fall ist[38].

---

[35] Die Beteiligungen des Inlandes am Ertrag der Rohstoffgewinnung bedeuten Umwandlung von potentiellem Realkapital in Geldkapital- und Devisendisposition.

[36] Angesichts der Begrenzung unseres Themas auf die Entwicklungsländer im engeren Sinne entgehen der Analyse so interessante Vorgänge wie die von US-Investoren in einzelnen EWG-Staaten geplanten Produktionsniederlassungen, die den gesamten EWG-Raum beliefern sollen und entsprechend der erwarteten Nachfrageentwicklung des Gesamtraumes dimensioniert werden.

[37] Bei ausländischen Direktinvestitionen in Mexiko kann die Regierung Zölle zum Schutz der neuen Produktionen einführen, die für 10 Jahre bei Grundstoffindustrien und für 5 Jahre bei Konsumgüterindustrien aufrechterhalten werden. (Ähnliche Regelungen enthält Art. 5 des argentinischen Gesetzes über ausländische Kapitalinvestitionen.)

[38] Unsicherheit ist hier im Sinne einer größeren Streuung der Erwartungswerte verstanden. Fehlende external economies erhöhen das Risiko weiter.

Welcher Beitrag wird nun zum Sozialprodukt des Entwicklungslandes geleistet? Gehen wir dazu wieder von der Wertschöpfung der Produktionsniederlassung aus. Soweit sich die Wertschöpfung durch geeignete außenhandelspolitische Maßnahmen[39] erhöht, kommt es zu den bekannten Umverteilungswirkungen. Da der Investor Ausländer ist, bedürfen sie allerdings einer besonderen Analyse. Zunächst erhöht der den inländischen Wirtschaftssubjekten zufallende Teil der Wertschöpfung das Sozialprodukt (Löhne, Pachten usw.): Der Gewinn, ganz oder doch zum Teil aus der Umverteilung entstanden, geht nur mit der direkten Steuer in das Sozialprodukt ein, wobei zu beachten ist, daß inlandsbezogene Direktinvestitionen vielfach Steuervergünstigungen oder sogar -befreiungen erhalten (z. B. in Paraguay um 25 v.H.). Der marginale Kapitalkoeffizient liegt also höher als für vergleichbare Investitionen, die mit inländischer Kapitaldisposition errichtet wurden. Soweit Gewinne reinvestiert werden, also über die Selbstfinanzierung im Inland verbleiben, handelt es sich im Sinne der Zahlungsbilanz ebenfalls um Kapitalimport, dem allerdings keine Funktion im Hinblick auf unsere Zielsetzung zukommt[40]. Der Umfang der im Inland verfügbaren Kapitaldisposition vergrößert sich nicht und es entstehen keine zusätzlichen Einfuhrmöglichkeiten für Kapitalgüter. Besonders problematisch ist die durch Transferschwierigkeiten erzwungene inländische Anlage solcher „Kapitalimporte". Es werden überflüssig Besitztitel erworben, die für beide Partner — gemessen an einer volkswirtschaftlich zweckmäßigen Anlage — zu Einkommensverlusten führen.

Hierbei wäre noch auf die generelle Devisenbelastung durch ausländische Produktionsniederlassungen zu verweisen. Unter der Voraus-

---

[39] Solange die Eigenerzeugung bestimmter Produkte hinter der Inlandsnachfrage zurückbleibt, treffen sich häufig staatliche Finanz- und private Schutzinteressen in solchen Eingriffen. Angesichts der vielfach noch geringen Leistungsfähigkeit der unteren Administration sind die Entwicklungsländer ganz überwiegend auf indirekte Steuern angewiesen. Als Verbrauchssteuern lassen sich diese besonders leicht bei Importen erheben. So betragen z. B. die Zölle in v. H. vom cif-Wert der Ware für:

	Brasilien	Indien	Südafrikanische Union	
Fahrräder	100	75	15	(fob-Wert)
Nähmaschinen	150	45	0	frei
Rundfunkapparate	100	50	15	(fob-Wert)

Kleinere Nebenabgaben wurden nicht berücksichtigt.
Zollsätze nach Angaben der Industrie- und Handelskammer Münster/Westf.

[40] Fast alle von Entwicklungsländern erlassenen „Gesetze zur Förderung des ausländischen Kapitals" lassen übereinstimmend den Kapitalimport für Direktinvestitionen in folgenden Formen zu:
a) Devisen
b) Maschinen Einrichtungen, Werkzeuge, Ersatzteile (soweit erforderlich)
c) Lizenzen, Patente, Warenzeichen, Dienstleistungen
d) Gewinne, die durch Neuanlage in Eigenkapital umgewandelt werden
e) Rohstoffe und Halbfabrikate, soweit für die Produktion einer bestimmten Periode erforderlich und im Inland nicht oder ungenügender Menge erzeugt.

setzung ihrer ausschließlichen Inlandsbezogenheit fällt der gesamte Brutto-Umsatz in inländischer Währung an, während direkt ein Teil der Aufwendungen (Vorleistungen, Gewinntransfer) in Devisen geleistet werden muß[41], von der Folgewirkung über die Importquote der zusätzlich geschaffenen Einkommen einmal ganz abgesehen. Ersetzt die Direktinvestition aber bisherige Importe, so nimmt die Devisenbelastung ab, solange die eben genannten Ansprüche die bisherigen Einfuhrwerte unterschreiten — was bei starker Ausdehnung der inländischen Nachfrage nach Aufnahme der Inlandsproduktion durchaus nicht die Regel zu sein braucht.

Die Wertschöpfung der *Verkaufsniederlassungen* gehört überwiegend zum inländischen Sozialprodukt. Ihre Aufgabe besteht in der Erschließung und Festigung der inländischen Absatzmärkte für das investierende Ausland. Die aus den zusätzlichen Importen fließenden Gewinne werden in der Regel von der ausländischen Stammgesellschaft realisiert. Soweit Niederlassungen dazu dienen, Erzeugnisse im Wettbewerb mit anderen ausländischen Produkten am inländischen Markt abzusetzen, steigen die privaten Grenzkosten des Absatzes über die sozialen[42]. Der Wert des marginalen Kapitalkoeffizienten liegt entsprechend höher. So interessant die Wirkung solcher Kapitalimporte auf das Nettosozialprodukt des Kapitalexportlandes auch sein mag — nicht umsonst findet sie dort soviel Förderung[43] —, für die Entwicklung des inländischen Wirtschaftswachstums der Entwicklungsländer haben Verkaufsniederlassungen keine besondere Funktion, es sei denn indirekt über die erleichterte Gewährung von Lieferantenkrediten. Greifen wir uns als praktisches Beispiel den deutschen Kapitalexport in Form privater Direktinvestitionen heraus, der geradezu typisch für diese Art von Auslandsinvestitionen ist und vergleichen dazu ihre regionale Aufgliederung mit der entsprechenden Verteilung der deutschen Exporte:

---

[41] So heißt es im Gesetz Nr. 246 „Zur Feststellung des Verfahrens für die Investierung von aus dem Ausland stammendem Privatkapital" der Republik Paraguay in Art. 5 (Einräumung von Sicherheiten und Vergünstigungen) unter Abschnitt e) : . . . reguläre Gewährung der notwendigen Devisen durch die Zentralbank von Paraguay, um die Zinsen, Gewinne und Dividenden zu zahlen, die Gebühren für Nutzungsrechte und den Gebrauch der Warenzeichen und Patente zu entrichten sowie das Kapital in einem Verhältnis von höchstens 20 v.H. des registrierten Kapitals jährlich zurückzuzahlen. (Nach Art. 6 kann die Zentralbank den Berechtigten bei Zahlungsbilanzschwierigkeiten ermächtigen, bis zu 25 v.H. der Devisenerlöse aus eigenen Exporten bis zur Deckung zu behalten). Diese Regelung ist im Vergleich zu anderen Ländern recht günstig.

[42] Zur Definition vgl. *Knapp*, K. W., Volkswirtschaftliche Kosten der Privatwirtschaft, Tübingen 1958 (übersetzt im Auftrage der List-Gesellschaft von B. *Fritsch*); S. 12 ff.

[43] Vor allem bei Devisenbewirtschaftung, die diese Art von Direktinvestitionen von dem generellen Verbot des Kapitalexports ausnimmt.

Tabelle 3:
Vergleich zwischen der regionalen Verteilung der Direktinvestitionen (1952—1957) und der Exporte (1956) der Bundesrepublik Deutschland[a])

Region	in Mill. DM		in v.H. gesamt	
	Direktinvest.	Exporte	Direktinvest.	Exporte
Europa	596	20 605	34,3	67,5
USA	184	2 074	10,6	6,8
Kanada	224	361	12,9	1,2
Σ Kerngebiete[b])	1 004	23 040	57,8	75,5
Mittel- u. Südam.	514	2 391	29,6	7,8
Afrika	93	1 472	5,4	4,8
Asien	76	3 243	4,4	10,6
Australien	51	385	2,8	1,3
Σ Randgebiete[c])	734	7 491	42,2	24,5
Welt insgesamt	1 738	30 531[d])	100,0	100,0

a) Quelle: Für die Direktinvestitionen: Monatsbericht der BDL, Heft 6, 1958, S. 53/54; für die Exporte: Stat. Jb. f. d. Bundesrepublik Deutschland 1958, S. 81.*
b) In der Aufgliederung fehlt Japan, dafür sind die europäischen Randgebiete enthalten.
c) Enthalten fast alle Entwicklungsländer.
d) Ohne Schiffsbedarf und nicht ermittelte Länder.

Wenn wir die Verkaufs- von den Produktionsniederlassungen[44] (vor allem in Kanada, Brasilien, Argentinien und Indien) bereinigen könnten, würde sich eine noch stärkere Kontingenz zwischen den Zahlenreihen zeigen. Die verhältnismäßig größeren Anteile in Übersee belegen nur, für wie entwicklungsfähig dort einzelne Absatzmärkte angesehen werden. Die deutschen Direktinvestitionen kommen demnach nur zu zwei Fünfteln Entwicklungsgebieten zugute[45], und innerhalb dieser Länder werden selbstverständlich solche mit besonderen Marktchancen bevorzugt. Diese Chancen können aber vor allem Staaten bieten, deren Entwicklung bereits eingeleitet ist und kräftige Fortschritte für die Zukunft verspricht (Kanada, Brasilien).

Diese Bemerkungen sind nicht gegen die Verkaufsniederlassungen gerichtet, denen höchst bedeutsame Funktionen im weltwirtschaftlichen

---

[44] Die deutschen Produktionsniederlassungen sind im Gegensatz zu den US-amerikanischen und den englischen fast ausschließlich inlandsbezogen. Vgl. dazu die Verteilung nach Wirtschaftszweigen in der für Tabelle 2 angegebenen Quelle.

[45] Es klingt daher generöser als es ist, wenn in deutschen Veröffentlichungen formuliert wird, den in erster Linie kapitalbedürftigen Entwicklungsländern sei l e i d e r nur ein Teil der Direktinvestitionen „zugeflossen".

Austausch zukommen. Sie sollen nur zeigen, daß die hierfür getätigten Auslandsinvestitionen zwar zu Kapitalimporten für die Empfangsländer führen, aber keine direkten Entwicklungsbeiträge leisten. Umfang und Verteilung dieser Investitionen sind nicht von den Entwicklungsbedürfnissen der Empfangsländer abhängig, sie werden im Absatzinteresse der Kernländer getätigt und können zahlenmäßig nur mit großer Untersetzung Kapitalimporten gleichgestellt werden, die im engeren Sinne inlandsbezogen sind.

V. Die Funktionen des Imports von mittelfristiger Kapitaldisposition

Der Kapitalimport über *Lieferantenkredite* hat nach dem zweiten Weltkriege erheblich an Bedeutung gewonnen. Ein Drittel bis zur Hälfte aller Investitionsgütereinfuhren in Entwicklungsländer dürften auf diesem Wege finanziert worden sein. Lieferantenkredite übertragen Kapital- und Devisendisposition zugleich. Der Definition nach sind sie allerdings an einen bestimmten Lieferanten gebunden, und insoweit könnte von der Übertragung einer beschränkten Kapitaldisposition gesprochen werden. Die scharfe Konkurrenz der Kernländer um die potentiellen Absatzmärkte für Anlagegüter hat aber dazu geführt, daß alle bedeutenden Lieferländer für Kapitalgüter Institutionen entwickelt haben, die den Produzenten einen Teil des Risikos aus dem Lieferantenkredit abnehmen[46]. Da innerhalb dieser Länder praktisch jede für die Investitionsgüterlieferung in Frage kommende Firma Zugang zur Kreditsicherung (und damit in der Regel zur Refinanzierung) hat, besteht von seiten des nachfragenden Entwicklungslandes über die Vorwahl des Lieferanten praktisch freie Verfügbarkeit über diese Art von Kapitalimport[47].

Die bisherigen Ausführungen zeigen nun deutlich, worin — jedenfalls dem Ansatz nach — die Funktion der staatlichen Absicherung der Lieferantenkredite und damit die conditio sine qua non ihrer Existenz bestand: in der Exportförderung! Auch die deutsche Hermes Kredit Versicherungs-AG ist als Exportförderungsmaßnahme und nicht als Anstalt für Entwicklungskredite gegründet worden. Die private Exportwirtschaft der Industriestaaten wurde in ihrer Auseinandersetzung um die Absatzräume von den Regierungen unterstützt, die im Zuge ihrer

---

[46] Als Beispiel seien angeführt: Hermes Kredit-Versicherungs AG; Export Credit Guarantee Department; Compagnie francaise d'Assurance pour le commerce extérieur.

[47] Freie Verfügbarkeit natürlich nur im Rahmen der möglichen Verschuldungsgrenzen des jeweiligen Entwicklungslandes. Um hier ehrgeizige Pläne und reale Gegebenheiten besser zur Deckung zu bringen, erfaßt die Weltbank seit 1955 in einer „Evidenzzentrale" alle durch staatliche Versicherungen gedeckten Kredite aus unmittelbaren Exportlieferungen (überwiegend Lieferantenkredite für den Export von Investitionsgütern). Der jeweilige Status der gesamten mittelfristigen Verschuldung der einzelnen Empfangsländer kann von jeder interessierten Regierung eingesehen werden.

Vollbeschäftigungspolitik und mit einem Seitenblick auf die diesbezüglichen Leistungen der Nachbarstaaten das ihre taten. Soweit in diesem Wettstreit die Kreditbedingungen, vor allem aber die Kreditvoraussetzungen unter ein kaufmännisch vertretbares Niveau absanken, handelte es sich um ruinösen Wettbewerb, der den Entwicklungsländern beachtliche Vorteile zuschanzte, wenn auch ungewollt.

Die Funktionen der Lieferantenkredite für den erforderlichen Zuwachs des Sozialprodukts müssen (relativ) erheblich höher eingeschätzt werden als die der Direktinvestitionen. Von der laufenden Wertschöpfung der mit Hilfe der Lieferantenkredite erstellten Anlagen gehen nur die Zinsen nicht in das Sozialprodukt ein. Angesichts der zum Teil sehr kurzfristigen Lieferantenkredite und der langen Ausreifungszeit bestimmter Investitionen kann allerdings vorübergehend das Sozialprodukt sogar verringert werden, wenn die Zinsen für die in Anspruch genommenen Lieferungen bereits laufen und die neuen Anlagen noch nicht zu produzieren vermögen[48]. Die verhältnismäßig kurze Laufzeit (meist 4 bis 8 Jahre) der Lieferantenkredite erfordert auch den frühzeitigen Ersatz dieses Kapitalimports durch inländische Kapitaldisposition[49] und eine freie Devisenverfügbarkeit in dem für die Annuität erforderlichen Umfang[50]. Auch diese Belastungen treten ein, bevor die Produktionsleistungen der neuen Investitionen direkt oder indirekt die Zahlungsbilanzsituation erleichtern. Hinzu kommt, daß ja durch die Lieferantenkredite nur die direkten Investitionsgütereinfuhren abgedeckt werden. Die Devisenmehrnachfrage über die inländischen Einkommenswirkungen (Multiplikatoreffekt) tritt also noch hinzu. Eine langfristigere Übertragung der importierten Kapitaldisposition könnte die entstehenden Schwierigkeiten aufheben.

Gegen eine Verlängerung der Laufzeiten von Lieferantenkrediten werden beachtliche Argumente ins Feld geführt. Einmal bleiben bei der bisherigen Handhabung die Lieferfirmen während der ganzen Laufzeit eines solchen Kredits im Obligo, übernehmen also Aufgaben, die ihnen nicht zukommen. Eine weitere Verlängerung der Laufzeiten würde diese Belastung vermehren, vor allem auch den Rückfluß des Eigenbehalts[51]

---

[48] Daher auch die Schwierigkeiten mancher Entwicklungsländer, die sich gewöhnlich einige Jahre nach dem Anlaufen eines größeren Vorhabens einstellen. Meist sind sie die Folge der im Verhältnis der Ausreifungszeit der getätigten Investitionen zu geringen Kreditfristen.

[49] Sofern die laufenden Abschreibungen die Tilgungsraten unterschreiten, was bei den Lieferantenkrediten unter 5 Jahren meist der Fall ist.

[50] Bei einem Zinsfuß von 10 v. H. beträgt die Annuität bei vierjähriger Laufzeit des Lieferantenkredits und Tilgung in gleichen Raten 31,5 v.H. der geschuldeten Summe, bei achtjähriger Laufzeit 18,7 v. H. Vgl. *Schneider*, E., Wirtschaftlichkeitsrechnung, 2. Aufl. 1957, S. 154.

[51] Die Selbstbeteiligung des Garantienehmers ist nach den in der Bundesrepublik geltenden Bestimmungen unabdingbar. Sie beträgt bei Ausfuhr-

hinausschieben und die Summe der zu einem Zeitpunkt auf eigenes Risiko ausstehenden Forderungen aus der Abwicklung von Anlagekrediten erhöhen. Die Fähigkeit, neue Engagements einzugehen, verringert sich in entsprechendem Umfang. Zum zweiten haben die Staaten als Garantieträger gewisse Hemmungen, den durch ihre Institute versicherten Krediten eine längere Laufzeit abzudecken und damit neue Risiken einzugehen bei gleichzeitiger Erhöhung des Deckungsvolumens. Zum dritten wird befürchtet, daß weitere Zugeständnisse in den Laufzeiten die ausländischen Kreditnehmer — zumindest in Entwicklungsländern — zu entsprechend vermehrten Investitionen, nicht aber zur Konsolidierung der Lage veranlassen würden, ganz abgesehen von der erhöhten Gefahr ausgesprochener Fehlinvestitionen.

Auf der anderen Seite ist nicht zu bestreiten, daß eine Auflockerung der sich häufig für beide Seiten als unvorteilhaft herausstellenden Kreditbedingungen diesen viel von ihrer bisherigen einseitigen Ausrichtung auf die Exportförderung nehmen würde. Im Interesse der kapitalexportierenden Länder, aber auch dem der Lieferanten, sollte man den Exportförderungsgedanken völlig aus der Finanzierung und Sicherung eliminieren. Diese selbst könnten dadurch auf die zweckmäßigste Lösung der zugrunde liegenden Aufgabe ausgerichtet werden, die dann nicht mehr im Absatz von Anlagegütern, sondern in einer ihrem Einsatz im Empfangsland entsprechenden Finanzierung bestände.

Die oben erwähnte Belastung der Lieferfirmen aus einer wirtschaftlich vertretbaren Verlängerung der Kreditfristen ließe sich durchaus auf einen tragbaren Umfang begrenzen, wenn Verkaufs- und Finanzierungsgeschäft zu trennen wären. In der bisherigen Form brauchte dann nur noch der Kreditbedarf für den Zeitraum der Herstellung, Verschiffung, Montage und Einlaufszeit der Anlagen bis zum Ablauf der Garantiefrist gedeckt zu werden. Im Anschluß daran ginge der Lieferantenkredit in eine reine Geldforderung über. Diese ließe sich über den Kapitalmarkt mobilisieren — wenn die Garantie oder Bürgschaft an der Forderung haften bliebe und mit ihr auf den Erwerber übergehen würde. Eine

---

garantien mindestens 30 v.H. vom Ausfall im wirtschaftlichen Garantiefall, 20 v.H. vom Ausfall im politischen Garantiefall. Vgl. Abschnitt III des Merkblattes über die Gewährung von *Ausfuhrgarantien* (für Geschäfte mit privaten Abnehmern) und *Ausfuhrbürgschaften* (für Geschäfte mit ausländischen Regierungen) der Hermes-Kredit-Versicherungs-AG, Hamburg.

[52] Eine Abtretung der Garantierechte gegen die staatl. Exportversicherung an dritte ist in der Bundesrepublik zwar schon jetzt möglich, aber der zufallende Anspruch wird stets so ermittelt, als ob er dem ursprünglichen Garantienehmer zu leisten wäre. Der abstrakte Bezug des Garantierechtes auf die Forderung fehlt also noch.

[53] Die Zinssätze der Kreditanstalt für Wiederaufbau betragen um 7 v.H., die der Ausfuhrkredit AG zwischen 6—8 v.H. Die Unternehmen rechnen allerdings die daraus ihren ausländischen Abnehmern gewährten Lieferantenkredite offen oder über den Preis wesentlich höher ab.

Entlastung des Lieferanten tritt ja nur ein, wenn er aus der Kreditkette ausscheidet, seine Forderung also „à fortfait" verkaufen kann[52]. Diese Art der Kapitalanlage könnte sich in Anbetracht der üblichen hohen Zinssätze[53] und dank der dabei gegebenen Abschreibungsmöglichkeiten für bestimmte Anlegerkreise bei geeigneter Organisation (Investment-Gesellschaft) als durchaus reizvoll erweisen. Die Fristigkeit könnte der für Industrieanleihen üblichen (15 bis 20 Jahre) angeglichen werden, womit wahrscheinlich auch ein großer Teil der jetzigen Schwierigkeiten bei der Bedienung der meist für zu kurze Zeit gegebenen Lieferantenkredite hinfällig würden. Die Kapitalimportländer erhielten dadurch einen gewissen Ersatz für Wertpapieremissionen. Eine wirksame Verbesserung hinsichtlich der Risikosicherung könnte noch dadurch erreicht werden, daß die in den Entwicklungsländern geschaffenen einschlägigen Institutionen (Banken, Finanzierungsgesellschaften u. ä.) sich unter Garantie der Regierungen in die Kreditkette einschalten würden.

Damit sind wir aber bereits beim zweiten Argument, den Bedenken der Staaten gegen die Übernahme „erhöhter" Risiken. Dazu wäre zu bemerken, daß Verlängerung von Kreditlaufzeiten und Vermehrung des Risikos durchaus nicht korreliert sein müssen. Das Gegenteil ist wahrscheinlicher, zumindest bei sorgfältiger Auswahl der Objekte. Zu kurze **Kreditfristen im Verhältnis zur Laufzeit der Anlage führen zu Gefahren und das nicht nur im Export von Anlagegütern.** Soweit diese beiden Faktoren durch die von vielen Seiten[54] vorgeschlagenen Maßnahmen besser abgestimmt werden als bisher, muß das Risiko sinken, über dessen Höhe ohnehin übertriebene Vorstellungen herrschen. Verifizieren wir diese Behauptung wiederum am Beispiel der Bundesrepublik (die Erfahrungen in anderen Ländern sind nicht wesentlich schlechter):

Das „Gesetz über die Übernahme von Sicherheitsleistungen und Gewährleistungen im Ausfuhrgeschäft" vom 26. 8. 1949 und 4. 9. 1955 ermächtigt, die Bundesregierung, die Ausfuhrgeschäfte bis zu einem bestimmten Plafond[56] gegen Risiken abzusichern. Zwischen 1950 und 1957 nahmen etwa 10 v.H. der deutschen Exporte diese Versicherung in Anspruch. Der Bestand belief sich am 31. März 1958 auf über 7 Mrd. DM. Zu weit über die Hälfte handelte es sich dabei um Forderungen gegen Entwicklungsländer im engeren Sinne.

Für die Versicherung der Exportförderungen wird ein Entgelt erhoben[57]. In der bisherigen Laufzeit des Gesetzes bis zum 30. 6. 1957 wur-

---

[54] So wiederholt die Berliner Bank in ihren Außenhandelsberichten.

[55] Abgedruckt im WiGBl. S. 303 und Bundesgesetzblatt Nr. 39 Jg. 1950, S. 447.

[56] Dieser Plafond wurde ständig angehoben und beläuft sich z. Zt. auf 9,5 Mrd. DM

[57] Vgl. § 8 der „Allgemeinen Bedingungen für die Übernahme von Ausfuhrgarantien" und § 8 der „Allgemeinen Bedingungen für die Übernahme

Die Funktionen des Kapitalimports für Entwicklungsländer 73

den daraus Einnahmen von netto 110 Mill. DM erzielt (abzüglich Verwaltungskosten), denen rd. 175 Mill. DM an Auslagen für Schadensfälle gegenüberstanden. Der vom Bundeshaushalt zu übernehmende Ausgabenüberschuß errechnet sich also auf 65 Mill. DM oder knapp 1 v.H. des im gleichen Zeitraum abgewickelten Garantievolumens. Darüber hinaus sind von den 175 Mill. DM betragenden Schadensfällen über neun Zehntel auf Transferschwierigkeiten der Empfangsländer (also z. T. auch auf zu kurze Kreditfristen) zurückzuführen, deren Gegenwert für den Bund also zu einem späteren Zeitpunkt anfällt. Dieser Schadensverlauf berechtigt aber zu der Unterstellung, daß die Garantienehmer bei der Auswahl der Objekte und Kontrahenten nach streng wirtschaftlichen Gesichtspunkten vorgegangen sind[58]. Es findet sich auch kein Hinweis dafür, daß für den Bund erheblich höhere Belastungen eintreten, wenn die Kreditfristen verlängert würden[59] — die Möglichkeit der erwähnten Forderungsabtretung bringt hierzu überhaupt keine Veränderung.

Was nun das letzte der aufgeführten Gegenargumente betrifft, so läßt es sich nur durch eine gemeinsame Konzeption der Kapitalexportländer über Umfang und Bedingungen einer zukünftigen Entwicklungshilfe lösen. Diese Frage überschreitet aber schon die Grenzen unserer Problemstellung.

VI. Die Entwicklungsmöglichkeiten aus langfristigen Projektkrediten

Die „project loans" der Weltbank näherten sich 1958 einer Höhe von 4 Mrd. $ und bedürfen nach Funktion und Umfang einer eigenen Betrachtung. Zunächst ist die project-finanzierte Investition in doppeltem Sinne inlandsbezogen. Einmal geht ja der Antrag von inländischen Wirtschaftssubjekten bezüglich einer durch Inlandsdaten wirtschaftlich gerechtfertigten Anleihe aus, und zum zweiten prüft die Weltbank diese Kalküle unter objektiven Gesichtspunkten nach. Eine Übersicht der in

---

von Bürgschaften". So besteht beispielsweise das Entgelt für Ausfuhrgarantien in der Bundesrepublik aus einem Grundentgelt von 1,5 v.H. des gedeckten Forderungsbetrages und einem Zeitentgelt von 1 v.T. für jeden angefangenen Monat über eine Kreditlaufzeit von 6 Monaten hinaus (vgl. Merkblatt über die Entgeltberechnung der Hermes-Kredit-Versicherungs-A.G.). Dazu treten natürlich die eigentlichen Kreditkosten für die in Anspruch genommenen Bankkredite.

[58] Da die Empfänger der Lieferantenkredite die Versicherungsprämien tragen, sind die wirklichen Verluste innerhalb der Entwicklungsländer umgelegt worden, nach Eingang der ausstehenden Beträge errechnet sich sogar ein Gewinn, d. h. die Prämie war reichlich bemessen, wenn die bisherige Verteilung als typisch angesehen werden darf.

[59] Die Ausfuhrkredit-AG gibt mittelfristige Kredite von 12—24, langfristige nur von 25—48 Monaten. Daneben gewährt die Kreditanstalt für Wiederaufbau Kredite für die Refinanzierung längerfristiger Investitionsgüterexporte, die anderweitig nicht finanziert und auf Grund ihrer Laufzeit oder ihres Umfanges auch nicht von der Ausfuhr Kredit-AG bereitgestellt werden können.

den letzten Jahren vergebenen Anleihen zeigt, daß diese in steigendem Maße (1956/57 zu 75 v.H.) Entwicklungsländern zuflossen[60]. In dem Ende Juni 1958 abgelaufenen Jahr sagte die Weltbank 34 neue Anleihen mit dem bisher höchsten Jahresbetrag von 711 Mill. $ zu und zahlte rd. 500 Mill. $ aus[61].

Die von der Weltbank gegebenen Kredite wurden bisher je etwa zur Hälfte aus Eigenkapital[62] und aufgenommenen Anleihen finanziert. Die Sollzinsen konnten unter 6 v.H. gehalten werden. Zu bemerken ist noch, daß die Weltbank nur den im Ausland nachzufragenden Teil einer Investition finanziert (im Durchschnitt 45 v.H. des Gesamtinvestitionsvolumens). Dieser Teil bleibt außerdem, soweit er aus den 18 v.H. Quotenanteil finanziert wird, bei der Verwendung zum Einkauf von Kapitalgütern regional gebunden, gibt aber der Sache nach dem Kapitalimportland freie Kapitaldisposition, da die regionale Festlegung durch die Weltbank erst nach Auswahl unter den möglichen Lieferländern entsprechend ihren Lieferanteilen erfolgt. Der (meist größere) auf inländische Leistungen entfallende Teil der Investitionsausgaben ist durch einheimische Kapitaldisposition zu decken. Mangels Berücksichtigung des Importgehaltes der zusätzlichen Einkommen (Multiplikatoreffekt) führte diese Methode bei ohnehin angespannter Zahlungsbilanz allerdings vielfach zu Schwierigkeiten, wenn auch das von der Weltbank finanzierte Investitionsvolumen dadurch vergrößert werden konnte.

Der Einkommenseffekt der durch „project loans" ermöglichten Investitionen ist in der Regel höher anzusetzen als der von vergleichbaren Investitionen aus den anderen Arten von Kapitalimport. Die Differenz des Beitrages zum Inlandsprodukt und Sozialprodukt liegt hier wahrscheinlich unter 3 v.H. der Wertschöpfung[63]. Die „project loans" haben also hinsichtlich der Einkommenssteigerung pro Investitionseinheit den geringsten Unterschied zwischen Inlands- und Sozialproduktwirkung und damit bei vergleichbaren Investitionsobjekten den niedrigsten mar-

---

[60] Vgl. dazu für die Zeit bis 1952 die Zusammenstellung in: The International Flows of private Capital 1946—1952, UN, New York 1954, S. 31, und für die folgende Zeit die Annual Reports der International Bank for Reconstruction and Development, Washington.

[61] Eine für unsere Fragestellung aufbereitete Zusammenstellung findet sich bei *Billerbeck*, K., Deutscher Beitrag für Entwicklungsländer, Nr. 7 der Schriften des Hamburgischen Weltwirtschafts-Archivs, Hamburg 1958, S. 40.

[62] Nach den Statuten der Weltbank zahlt bekanntlich jedes Land ein Fünftel seiner Beteiligungsquote ein, davon ein Zehntel in Gold oder Dollar, den Rest in Landeswährung. Über diesen Teil (18 v.H. der Quote) kann nur mit Zustimmung des jeweiligen Staates durch die Weltbank verfügt werden. Die Praxis lehrt, daß Freigaben im allgemeinen von einer „angemessenen" Beteiligung der eigenen Exportindustrie abhängig gemacht wurden. Bei den Krediten aus eigenen Anleihen bestanden diese Schwierigkeiten für die Weltbank nicht.

[63] Bei Annahme eines „Kapitalimportgehaltes" der Investitionen von 50 v.H. und einem Zinsfuß von 6 v.H.

ginalen Kapitalkoeffizienten aufzuweisen. Die ausreichend bemessene Laufzeit der Weltbankanleihen verringert die Transferschwierigkeiten, die Tilgungsraten entsprechen in etwa den Normalabschreibungen.

Ein gewisses Problem besteht darin, daß diese Darlehen vielfach nicht in selbstliquidierende Objekte (Kraftwerke, Stahlwerke u. ä.) investiert werden, sondern der Herstellung von Straßen, Eisenbahnen[64] und Wasserversorgungs- und Bewässerungsanlagen u. ä. Einrichtungen dienen[65]. Die externen Ersparnisse aus diesen Institutionen erhöhen bei unzulänglicher Anrechnung die Wertschöpfungen bei einer Fülle von Wirtschaftssubjekten, ohne daß es der Regierung immer gelingen wird, jedenfalls einen Teil der zusätzlichen Wertschöpfung für sich in Anspruch zu nehmen und zur Bedienung der Anleihen zu verwenden.

Eine interessante Variante der "project loans" stellen die Kapitalexporte der UdSSR dar, die seit den am 8. 2. 1954 durch Menschikow bekanntgegebenen generellen Darlehnsbedingungen einen erheblichen Umfang angenommen haben. Der Stand der Wirtschaftshilfe (einschl. Zusagen) belief sich im Frühjahr 1958 auf fast 1,7 Mrd. $. Im Gegensatz zu den Weltbankanleihen werden die Kredite von Anfang an auf eine Warenaustauschgrundlage gestellt. Es handelt sich also einfach um bilateralen Tausch zu vereinbarten Verrechnungspreisen, ausgedrückt in der Währung des Kapitalimportlandes, bei denen der Zeitpunkt der Gegenlieferung im allgemeinen auf 10 Jahre hinausgeschoben und der durch Lieferung erworbene Anspruch zwischenzeitlich mit nur 2 v.H. jährlich verzinst wird[66]. Etwaige Überschüsse werden im allgemeinen in £ Sterling verrechnet.

Es ist verständlich, daß diese Art des Kapitalimports bei vergleichbaren Qualitäten und Preisen der zu erwerbenden Kapitalgüter bei den Entwicklungsländern auf viel Gegenliebe stößt. Dabei liegt der Anreiz weniger bei der Zinsdifferenz als in der Möglichkeit, jegliche Transferprobleme auszuschalten und inländische Erzeugnisse zu meist sehr

---

[64] Im zweiten indischen Fünfjahresplan sind allerdings die Eisenbahnen wieder an der Bereitstellung von Kapitaldisposition mit etwa 1,3 Mrd. DM (1,5 Mrd. Rupien) Zuschuß aus Betriebsgewinnen zum Investitionsfonds beteiligt. Eine interessante Veränderung gegenüber der Zeit vor dem zweiten Weltkrieg, als die Reingewinne im Durchschnitt nur ein Drittel davon betrugen.
Quelle: Natesan, L. A., Das Transportsystem Indiens, in Zeitschrift für die gesamte Staatswissenschaft, 113. Bd., 1. Heft, S. 69.

[65] So flossen z. B. von den Weltbankanleihen 1955/56 den nachfolgend aufgeführten Ländern folgende Beträge für die Errichtung von public utilities zu (Mill. $):
Burma (19,3; Eisenbahn); Columbien (16,5; Straßen); Guatemala (18,2; Straßen); Haiti (2,6; Straßen); Honduras (4,2; Straßen); Nicaragua (3,2; Häfen); Pakistan (14,8; Häfen); Panama (5,9; Straßen); Peru (5,0; Straßen); Südafrika (25,2; Eisenbahn); Thailand (12,0; Eisenbahn).
Quelle: International Bank for Reconstruction and Development, 11th Report 1955—56.

[66] Vielfach liegen dafür die Preise entsprechend höher.

günstigen und vor allem festen Verrechnungspreisen in Zahlung geben zu können. Gerade die auf lange Fristen zugesicherten Verrechnungspreise können den auf verläßliche Daten angewiesenen Entwicklungsplanungen sehr dienlich sein. Sofern die Entwicklungsländer über erweiterungsfähige Ressourcen in den von den UdSSR gewünschten Rohstoffen verfügen, erhalten sie eine Möglichkeit zu zusätzlicher Verschuldung.

VII. Ökonomische Grenzen des Kapitalimportes

Die Wandlungen in der Struktur des internationalen Kapitalverkehrs zwischen Kerngebieten und peripheren Volkswirtschaften haben den Entwicklungsbeitrag fühlbar verringert. Die verschiedenen Bestimmungsgründe für die vorzugsweise in Wertpapierform verbrieften Kapitalexporte der liberalen Weltwirtschaft und die überwiegenden Direktinvestitionen nach der Weltwirtschaftskrise erlauben nicht, einen Zusammenhang zwischen diesen Anlageformen herzustellen. Offenbar wurden die Anleihen wegen der erheblichen Kapitalverluste[67], der sinkenden Ertragschancen im Empfangsland und der Devisenbestimmungen der Exportländer dezimiert, die Direktinvestitionen durch die weltweite Steigerung der Nachfrage nach Rohstoffen gefördert. Die regionale und branchenmäßige Konzentration der Direktinvestitionen und ihre im Vergleich zum Kapitaleinsatz bei inländischen Investitionen größeren marginalen Kapitalkoeffizienten können sie nicht zu einem Ersatz der internationalen Kapitalanlage werden lassen, als so wertvoll sie sich für einzelne Volkswirtschaften auch erweisen mögen[68].

Hier bieten nun die erweiterten und abgesicherten Lieferantenkredite und die Darlehen der Weltbank u. ä. Organisationen (I.F.C.) eine mögliche Kompensation. Sie vertreten in der Tat die Funktion der früheren „Freien Anleihen" der Kapitalimportländer. Der bisherige Umfang dieser Anlagen ist allerdings zu gering, gemessen etwa an der Entwicklung des Welthandels oder gar der Volkseinkommenssteigerung der Kernländer[69]. Insgesamt dürften sich die Auslandsanlagen der westlichen

---

[67] Vor dem zweiten Weltkrieg waren 55 v.H. der im Ausland begebenen europäischen Schuldverschreibungen notleidend.

[68] Hier ist auch auf die damit verbundene Übertragung von technischen Kenntnissen und Ausbildung im management hinzuweisen, die zumeist durch die „Inländerklausel" gewährleistet ist. Denkbar wäre auch, daß Direktinvestitionen zu externen Ersparnissen für andere Investitionsvorhaben führen und deren Kapazitätseffekt vergrößern, d. h. den Kapitalkoeffizienten verkleinern.

[69] Nach einer Schätzung des Völkerbundes betrugen die internationalen langfristigen Ausleihungen unter Ausschaltung der Beziehung Europa-USA im Jahre 1914 zwischen 35—36 Mrd. $, die zu 90 v.H. von Europa ausgingen. Ende 1956 wurden die privaten Auslandsanlagen der USA auf 33 Mrd. $, die Europas auf 18—20 Mrd. $ geschätzt, insgesamt also 51—53 Mrd. $, von denen etwa 15 Mrd. $ gegenseitiger Kapitalanlagen abgezogen werden müs-

Industriestaaten in Entwicklungsländern heute nicht wesentlich über den Stand von 1914 hinausheben, wobei der hohe Anteil der Direktinvestitionen und die Reduzierung der realen Leistung infolge der Preissteigerungen beachtet werden müssen.

Der Zinsfuß für die übrigen Formen des Kapitalimports wird ausschließlich von der Entwicklung von Angebot und Nachfrage von Leihkapital in den Kernländern bestimmt. Hier scheinen die Faktoren auf lange Sicht einen ziemlich hohen Zinssatz zu determinieren. Ein schwer auszuräumendes Hindernis für einen verstärkten Kapitalimport der Entwicklungsländer liegt insoweit darin, daß sich in den Lieferländern ertragreichere oder risikolosere Anlagen anbieten. Angesichts der Lohnentwicklung werden besonders in den Kernländern die Faktorproportionalitäten ständig zugunsten eines vergrößerten Kapitaleinsatzes verschoben. Auch der technische Fortschritt in den Industriestaaten, von dem die Entwicklungsländer abhängig sind, empfängt seine stärksten Impulse durch die hohe Nachfrage nach *arbeitssparenden* Maschinen. Der Einsatz solcher Maschinen wird in vielen Fällen der optimalen Faktorkombination der Entwicklungsländer widersprechen[70]. Wird — daran gemessen — betriebswirtschaftlich zuviel Arbeit durch Kapital substituiert, wäre volkswirtschaftlich gesehen die gleiche Wertschöpfung auch mit einem geringeren Import von Kapitaldisposition, folglich auch mit geringeren Belastungen der zukünftigen Wertschöpfung dieser Investition zu erreichen gewesen. Je genauer die erforderliche Faktorkombination importierter Investitionsgüter der optimalen Faktorkombination des Inlandes angepaßt ist, um so geringer fällt bei gegebener Wertschöpfung die Differenz der Beiträge zu Inlands- und Sozialprodukt aus.

Ein weiterer Engpaß für die ausreichende Kapitalversorgung der Entwicklungsländer besteht in den periodischen Anspannungen der Kapitalmärkte der Industriestaaten, sofern durch die Zulassungsstellen den inländischen Kreditbedürfnissen der Vorrang eingeräumt wird[71]. Der

---

sen. Selbst unter Einbeziehung der staatlichen Kredite der USA und der UdSSR liegt der Kapitalbeitrag angesichts der seit 1914 eingetretenen Preissteigerungen damit gegenwärtig unter dem von 1914. Vgl.: *Emminger*, O., in: Zeitschrift für das gesamte Kreditwesen, H. 1, 1958, S. 6.

[70] Soweit allerdings der erzielte Konstruktionsfortschritt eine geringere Arbeitsqualität für die Bedienung zuläßt — ein Tatbestand, den man in den Kernländern z.T. ungern sieht — könnte sich gerade hierauf der wirtschaftliche Einsatz solcher Anlagen gründen. Auf keinen Fall können wir aber der Argumentation von *Knall* zustimmen, der schreibt: „Ein kapitalarmes Land müßte daher versuchen, bei der Durchführung seines Entwicklungsprogramms vor allem kapitalintensive Techniken anzuwenden". Vgl. *Knall*, B., Zur Programmierung von Erschließungsplänen in Entwicklungsländern, im W.A., Bd. 81, Heft 2, 1958, S. 300.

[71] In einer Zeit der Anspannung des Kapitalmarktes erweist es sich selbst für traditionelle Kapitalgeberländer wie die Schweiz als unmöglich, in nennenswertem Umfang Kapital im Ausland zu investieren, da vorab Kreditbedürfnisse des einheimischen Marktes befriedigt werden müssen.

entscheidende Beitrag — die Erhöhung der Sparquote — muß wohl unter realistischer Betrachtung in jedem Fall von den Entwicklungsländern geleistet werden. Kapitalexporte in einem Umfang von 2,5 v.H. des Volkseinkommens, wie sie Großbritannien viele Jahre hindurch der Weltwirtschaft verfügbar machte, dürften sich unter den herrschenden Daten und innerhalb ihrer voraussehbaren Veränderungen nicht wiederholen. Damit werden die Entwicklungsländer den Zuwachs des Volkseinkommens viele Jahre hindurch überwiegend investieren müssen. Die dafür zweckmäßigen Methoden anzuführen, überschreitet unsere Fragestellung. Inflationistisches Zwangssparen scheint allerdings wenig geeignet zu sein. Die Entwicklungspläne geraten in die Zwickmühle inländischer und ausländischer Preissteigerungen hinein [72].

Um das andere Mittel, eine hohe „Selbstfinanzierungsabgabe" durchzusetzen, müssen Verkäufermärkte vorhanden oder durch geeignete Maßnahmen zu schaffen sein. Die verbesserte Gewinnlage darf auch nicht den Lohndruck der Gewerkschaften verstärken. Es ist der Vorteil der Kernländer, daß es zu Beginn und während der ersten Perioden ihrer Industrialisierung weder „Demonstrationseffekte" noch „Sozialressentiments" gegeben hat. Die Entwicklungsländer stehen hier vor einer weitaus schwierigeren Situation. Immerhin würde eine erhebliche Verstärkung der inländischen Investitionen durch die Unternehmer oder den Staat den für ihre Verwirklichung erforderlichen Konsumverzicht erzwingen. Zur Auslösung und Abwicklung eines solchen Prozesses wäre allerdings auch in den meisten Fällen ein bestimmter Anteil von Kapitalimport unumgänglich. In gewissen Bereichen mildert ausreichender Kapitalimport außerdem den Zwang zu Importrestriktionen und Protektionismus, er trägt damit zur Verbesserung der internationalen Arbeitsteilung bei.

Zur Verbesserung der ständig prekären Devisenlage in den meisten Entwicklungsländern bietet sich ein nachhaltiger Ansatz für die Industrieländer an: die Stabilisierung der Rohstoffpreise auf einem vertretbaren Niveau verbunden mit gewissen langfristigen Abnahmegarantien [73]. Es ist für die Entwicklungsländer in der Tat wenig aussichtsreich, einen wesentlichen Teil des erstrebten Wirtschaftswachstums auf die Stabilität von Daten aufzubauen, die zwar eine Funktion der Einkommensentwicklung der Kernländer — dies aber außerordentlich preisunelastisch

---

[72] So ergaben sich auf Basis der Kostenberechnungen von 1956 (Beginn des zweiten Fünfjahresplanes) bis März 1958 für die drei neuen indischen Stahlwerke· Preissteigerungen von 32,9 v.H. für die von deutschen Firmen erstellte Anlage in Rourkela, 19,1 v.H. für die von der UdSSR gelieferte Anlage in Bhilai und 20,9 v.H. für die englische Anlage in Durgapur.

[73] Die Mengenschwankungen der Lebensmittel- und Rohstoffimporte für die OEEC-Länder halten sich in außerordentlich engen Grenzen. Vgl. *Kantzenbach*, E., Möglichkeiten und Grenzen der Konjunkturpolitik in der Europäischen Wirtschaftsgemeinschaft (Diss.) Münster, 1959, S. 53 ff.

— sind. Erschwerend kommt hinzu, daß jeder Preisrückgang auf den Rohstoffmärkten ein Defizit in der Zahlungsbilanz und im Regierungshaushalt zugleich auslöst. In Anbetracht des Ausmaßes der Preisfluktuationen ihrer Exportprodukte der Nachkriegszeit (im Durchschnitt ± 14 v.H. pro Jahr) stehen die Entwicklungsländer bei der Aufstellung langfristiger Pläne vor fast unlösbaren Aufgaben, vor allem, wenn sie auch noch in manchen Fällen (Erze) in bezug auf die Mengen „Lückenbüßerfunktionen" übernehmen müssen, d. h. Veränderungen des eigenen Angebots oder der Nachfrage von den Kernländern im Interesse ihrer Binnenmärkte ausschließlich auf die ausländischen Lieferanten abgewälzt werden und für diese zu weit überproportionalen Nachfrageänderungen führen. Eine größere Solidarität bei der Bekämpfung von Wirtschaftsschwankungen wäre ein wertvoller Entwicklungsbeitrag. Es scheint nicht ausgeschlossen, daß sich unter dem Einfluß internationaler Organisationen der egozentrische Druck der Interessenten auf die Regierungen der Kernländer lockert, und zwar um so leichter, je besser hier die Stabilisierung des Wirtschaftsablaufs gelingt.

Bei der Bedeutung[74] Westeuropas für die Rohstoffnachfrage auf den Weltmärkten gewinnen eventuelle erfolgreiche Konjunkturstabilisierungsmaßnahmen im Rahmen der europäischen Wirtschaftsintegration auch für die Entwicklungsländer erhebliches Gewicht[75]. Stellt man den Einkommensverlust der Entwicklungsländer aus den Preis- und Mengenänderungen ihrer Exporte während der laufenden Rezession den Anlagen der Weltbank gegenüber, so liegt die Größenordnung dieses Problems auf der Hand. Eine strukturelle Verbesserung der funktionalen Beziehung zwischen Volkseinkommen und effektiver Nachfrage nach Produkten der Entwicklungsländer könnte die Änderung der Verbrauchssteuerpolitik in den Industrieländern hervorrufen.

Noch größere Bedeutung käme dem Versuch zu, in den Kernländern auf Industrien zu verzichten, die entwicklungsmäßig nicht mehr dorthin gehören. Selbst extreme Schutzmaßnahmen werden auf die Dauer nicht verhindern können, daß diese Industriezweige hinsichtlich Produktivitätsfortschritt, Arbeits- und Lohnbedingungen ständig hinter der allgemeinen Entwicklung herhinken. Ihr ungeschmälerter Bestand belastet die weltwirtschaftliche Arbeitsteilung. Auf der gleichen Linie liegen extreme Abweichungen der Entwicklungsländer von den Grundvoraus-

---

[74] Die Käufe Westeuropas betragen etwa das Doppelte der Käufe der USA (bezogen auf Entwicklungsländer). So umfaßten die Importe der Sektionen 0, 2, 3 und 4 (Lebensmittel und Rohstoffe) der S. I. T. C. für den OEEC-Bereich 12,4, für die USA 5,4 Mrd. $.

[75] In der GATT-Studie: Trends in International Trade, Genf 1958, wird in der Sicherung einer stetigen inländischen Wachstumsrate der bedeutendste Beitrag der Kernländer für die Rohstoffmärkte und damit für die Entwicklungsländer gesehen.

setzungen einer extrapolierten weltwirtschaftlichen Arbeitsteilung. Für die Beurteilung solcher Abweichungen spielt allerdings auch die Preispolitik der Lieferanten aus den Kernländern eine entscheidende Rolle[76]. Soweit Deviseneinsparungen um jeden Preis den Hintergrund abwegiger Investitionsvorhaben bilden, könnte ihnen durch eine veränderte Handelspolitik der Kernländer die Voraussetzung entzogen werden. Die völlige Aufgabe oder doch Reduzierung bisher geschützter Industrien würde die Deviseneinkommen der Entwicklungsländer aus ihrer funktionalen Abhängigkeit von den nur langsam wachsenden Rohstoffbezügen der Industriestaaten befreien. Es sprechen viele Fakten dafür, daß die Kernländer zwischen dieser Alternative und einem forlaufenden Kapitalexport ohne reelle Chance auf Abbau der dadurch entstehenden Verschuldung — also Geschenken — zu wählen haben.

Damit ist auch noch einmal auf den engen Zusammenhang der Wirtschaftspolitik der Kernländer und einer nachhaltigen Änderung der Wirtschaftsstruktur der Entwicklungsländer hingewiesen. „Es liegt im Interesse der Kernländer, diese Entwicklung zu fördern, weil sie den Kreislauf der Weltwirtschaft in ähnlicher Weise erweitert, wie es die Expansion der Weltwirtschaft im liberalen Jahrhundert getan hat"[77]. Wie weit die damit aufgeworfenen Fragestellungen von den führenden Nationalökonomen als vordringlich angesehen werden, zeigt das Ergebnis eines Preisausschreibens des Committee for Economic Development, das mit Unterstützung der Ford Foundation veranstaltet wurde. Auf die gestellte Frage, mit welchen Wirtschaftsproblemen sich die USA in den nächsten 20 Jahren voraussichtlich am meisten beschäftigen würden, antworteten die weitaus meisten Autoren — darunter Monnet, Lewis und Marjolin —, daß diese Aufgabe in der Förderung der Entwicklungsgebiete bestehen werde.

---

[76] Interessant ist dazu die folgende Bemerkung in: Processes and Problems of Industrialization in Under-Developed Countries, a.a.O., S. 67: „During the fifteen years that duty was payable on imported steel, it has been estimated that the output of the principal producer (Tata) involved domestic consumers in excess costs of about 110 million rupees; between 1948 and 1953, however, the availability of local steel saved consumers an estimated 400 million rupees a year on the cost of imported material".

[77] Vgl. *Predöhl*, A., Wandlungen der Weltwirtschaft im 20. Jahrhundert; Wirtschaftsdienst, Heft 10, 1958, S. 573. Als Beispiel kann die Bundesrepublik Deutschland herangezogen werden. Nach den für 1958 vorliegenden (vorläufigen) Zahlen nahm die Ausfuhr gegenüber dem Vorjahr nur noch um 2,5 v.H. zu. Die Ausfuhrsteigerung wurde dazu überwiegend beim Export von Anlagegütern in überseeische Entwicklungsgebiete erzielt, so daß sich die deutsche Ausfuhr entsprechend regional und strukturell veränderte.

Printed by Libri Plureos GmbH
in Hamburg, Germany